Robert Klement

Aufstand der Vergessenen

Inhalt

Autor: Robert Klement
Coverillustration: putzkersgrafikteam.com/Judith Kroboth/Ronald Putzker, Farbe: Sonja Melnyk
Frontispiz: Conrad Gessner, Historiae animalium

Druck und Vertrieb im Auftrag des Autors: Buchschmiede von Dataform Media GmbH, Wien
www.buchschmiede.at – Folge deinem Buchgefühl!

Besuche uns online

ISBN:
978-3-99152-747-3 (Paperback)
978-3-99152-745-9 (Hardcover)
978-3-99152-746-6 (E-Book)

PRINTED IN AUSTRIA

Runde 1

DER CHAMP

Max tänzelte, deutete einen linken Haken an. Er ähnelte einer Raubkatze, die ihre Beute anschleicht. Der lederne Kopfschutz drückte gegen die Schläfen. Geräuschvoll presste er die Luft durch die Nase.

In den ersten Minuten des Abtastens narrte er seinen Gegner mit ein paar Finten und kam mit seiner Linken immer wieder durch. Seinen Sparringspartner schien dies nicht zu irritieren. Murat schlug einen angetäuschten linken Haken und traf ihn zum zweiten Mal voll mit der Rechten.

„Aus, Schluss!", schrie der Trainer.

Max kletterte aus dem Ring und wirkte benommen.

„Was war denn das?", fragte Charly und entfernte den Mundschutz seines Schützlings. „Was ist los mit dir? Das war nicht der Max, den ich kenne."

„In den letzten Tagen ist leider viel passiert, Trainer." Max wartete, bis sich sein Keuchen etwas beruhigt hatte. „Wir wurden aus der Wohnung geschmissen, meine Mutter ist die Miete schuldig geblieben. Sie haben uns vorige Woche auf die Straße gesetzt."

Wie Faustschläge sprudelten die Sätze aus ihm heraus, während sich der Schweiß mit seinen Tränen vermengte.

Für seine alten Freunde war Max durch den Rauswurf aus der Wohnung plötzlich verschwunden. Er schrieb keine WhatsApp mehr, verabschiedete sich von niemandem. Seiner Mutter, seiner Schwester und ihm war nichts anderes übrig geblieben, als in eine Notschlafstelle für Obdachlose zu ziehen.

„Leider ist es so, dass ich hier aufhören muss", schluchzte Max. „Meine Mutter kann den Arena-Mitgliedsbeitrag nicht mehr bezahlen."

Charly stieß einen verhaltenen Fluch aus. Er wusste, dass fast alle aus seiner Gruppe aus schwierigen Verhältnissen kamen. Er hatte Max sorgfältig aufgebaut. Der junge Mann hatte eigentlich alles, um ein großer Boxer zu werden: harter Punch, starke Führhand, bewegliche Beine. Er war clever und hatte das Zeug, ein Champ zu werden.

„Wir werden eine Lösung finden", sagte der Trainer. „Ich rede mit dem Manager."

Charly gab seiner Gruppe einige Anweisungen und verschwand im Büro des Chefs.

Die Luft im Box-Studio war feucht vom Schweiß. Max sank erschöpft auf einen Stuhl.

Er schüttelte den Kopf. Trotz der stark gepolsterten Sparringhandschuhe spürte er noch immer die beiden rechten Geraden. War dies vielleicht sein letzter Tag in der Boxarena gewesen? Seit Wochen bereitete er sich auf einen wichtigen Kampf vor, der seine weitere Zukunft bestimmen sollte. War all die Mühe umsonst gewesen?

Er beobachtete zwei Boxer im Sparringskampf, die sich im zweiten Ring umkreisten. Drei junge Frauen prügelten auf Sandsäcke ein, einige sprangen Seil. Die Boxarena lag in einem weiträumigen Keller mit niedriger Decke, Neonlicht flackerte, Generatoren sorgten für Frischluft.

Es gab hier sechs Laufbänder, Trimmräder, fünf Ruderergometer, diverse Kraftmaschinen, drei Boxringe und zwei Großbildfernseher. Boxen war ein angesagter Sport, der hier der Integration diente. Der Nationenmix aus 30 Ländern vereinte Buben und Mädchen, Männer und Frauen. Religion und Politik blieben hier draußen. Boxen war hier nicht einfach nur Sport. Boxen, das waren Regeln, an sich arbeiten, besser werden, sich gut bewegen, den Körper spüren, sich quälen und Anerkennung finden.

Charly betreute in seiner Gruppe sieben Boxer, der Trainer galt als jemand, der viel forderte von seinen Leuten, der sie antrieb. Charly war ein Sir mit dem Händedruck eines Eisenbiegers. Vermutlich erzählte seine Nase schon seine ganze Karriere als Boxer. Sie lag in seinem zerfurchten Gesicht wie eine Felsformation. Sie war mehrfach gebrochen, wieder gerichtet und wieder gebrochen worden, bis sie als eine Art Mahnmal zurückgeblieben war. Sicher hätte ihn jeder Hollywood-Regisseur für die Rolle des Bösewichts vorgesehen, die er mit großer Überzeugungskraft gespielt hätte.

„Unser Boss hat eine gute Lösung gefunden, denke ich", sagte Charly wenig später. „Die Mitgliedschaft ist für dich in den nächsten Monaten kostenlos. Dafür hilfst du zweimal in der Woche beim Aufräumen und Saubermachen. Wäre das okay für dich?"

Max atmete erleichtert auf. „Danke, Trainer!"

„Da ist noch etwas." Charly zeigte auf Max' linkes Auge. „Diese Schwellung, die hast du dir nicht bei uns geholt."

Max hatte gehofft, dass ihn der Trainer nicht auf diese Verletzung ansprechen würde. Charly legte großen Wert auf Disziplin. Wer sich außerhalb des Ringes prügelte oder Drogen nahm, flog raus. Da kannte er keine Gnade.

„Es war so", Max holte stockend Luft. „Gestern bin ich in dieser Notschlafstelle in die Rangelei von zwei Betrunkenen geraten und habe einen heftigen Schlag abbekommen. Ich habe nicht zurückgeschlagen, ehrlich."

Charly schien sich damit zufriedenzugeben. Ein zaghaftes Lächeln, einem Wetterleuchten gleich, zuckte über seine Mundwinkel.

Max war kein Freund des frühen Aufstehens, aber später am Tag war es zum Joggen zu heiß. Um 5 Uhr morgens war am Gürtel noch wenig Verkehr. An dieser Wiener Hauptverkehrsader befand sich seit zehn Tagen sein neues Zuhause.
Die Mutter, seine Schwester und er hatten nun endlich eine neue Wohnung in einem Gemeindebau gefunden.

Die Temperatur lag heute bereits bei 18 Grad. Max lief bei jedem Wetter und jeden Tag ein wenig länger. Sein Frühstück bestand aus Joghurt mit Haferflocken, einem gekochten Ei, Toast und Tee. Seit Monaten ernährte er sich streng nach den Regeln eines Champs und nervte die Mutter mit seinen Ernährungswünschen.

Endlich hatten die Ferien begonnen! Noch nie hatte er sie so herbeigesehnt. Das abgelaufene Schuljahr war von den folgenden Dialogen gekennzeichnet gewesen: „Nächste Woche ist Schulausflug." – „Du bekommst eine Entschuldigung."

Der Autobus ins Alpenvorland und das ganze Drumherum kosteten Geld. Mit einer Krankmeldung war das Problem aus der Welt geschafft.

„Wir fahren auf Landschulwoche." – „Unmöglich, wie soll das gehen?"

Irgendwie war es Max' Mutter gelungen, die 375 Euro aufzutreiben. Sie wollte doch nicht, dass sich ihr Kind vor der Klasse blamierte.

„Ich brauch 15 Euro fürs Theater." – „Aber ihr wart doch erst unlängst!"

Max flitzte über den Georg-Danzer-Steg. Auf der Donauinsel empfing ihn eine angenehme Brise. Milchige Schleier schoben die erwartete Sonnenglut noch auf. Seine Lauf-App zeigte an, dass er bereits vier Kilometer geschafft hatte.

Der Vater von Max war vor einem halben Jahr bei einem Verkehrsunfall ums Leben gekommen. Nach seinem Tod war es beständig bergab gegangen.

Max und seine Schwester fühlten sich oft wie Hänsel und Gretel, unrettbar verirrt im finsteren Wald der armen Schlucker. Er schlachtete alte PCs aus und vertickte brauchbare Teile im Internet. Seine Schwester verkaufte einige Habseligkeiten über Ebay. Und manchmal war da die Angst, auch die Liebe der Mutter könnte in all dem täglichen Durcheinander und dem Gezänk einfach verloren gehen.

Wegen seiner Kleinwüchsigkeit war Max mitunter gehänselt worden. Deshalb hatte ihn der Vater in einen Boxclub geschickt. Er maß 1,66 Meter, wog gut 60 Kilogramm, er wollte in seiner

Gewichtsklasse ganz nach oben. In der Arena lernte er auch Selbstverteidigung und konnte sich ein paar Muskeln antrainieren.

„Du musst stark sein, zeige keinem deine Schwäche“, hatte ihm sein Vater eingeschärft.

Wenn man den Vater so früh verlor, fühlte man sich betrogen. Mit 15 war das ein verdammt schlechter Zeitpunkt.
Zu viel Wichtiges blieb ungesagt. Zu viel Verletzendes blieb unentschuldigt.

In der Schulhof-Hierarchie seines Gymnasiums stand Max Pribil wegen seines unerschrockenen Einsatzes für Schwächere weit oben. So hatte er einen Mitschüler verprügelt, der ein Mädchen im Internet gemobbt hatte. Dabei sah der Bursche mit dem Stoppelhaarschnitt ja eigentlich aus, als könnte er keiner Fliege etwas zuleide tun.

Bei der Brigittenauer Brücke legte Max stets einen Stopp für gymnastische Übungen ein und machte sich dann auf den Rückweg. Zu Hause wartete das Hantel-Training. Seine Muskeln hatte er früher auch mit einem alten Expander gestählt. Jeden Morgen hatte er an diesem Ding gezogen und gezerrt, erst 50-mal hintereinander, dann 100-mal, bis ihm eines Tages die Metallfedern um die Ohren geflogen waren.

In drei Wochen war es so weit. Er kämpfte um den Titel eines Juniorenmeisters. Der Sport gab ihm etwas, das er nun so dringend brauchte: eine Perspektive. Max wollte sich durchs Leben boxen, sich nicht unterkriegen lassen, alle Widerstände aus dem Weg räumen.

In der Leipziger Straße befand sich ein Sportausrüster und auch an diesem Morgen zwang sich Max, ihn zu ignorieren. Einfach so in einen Adidas- oder Nike-Store gehen, sich eine Jogginghose kaufen. Die, die alle tragen, davon träumte er. Seine Sneaker waren ohnehin ein No-Name-Produkt.

Mehrmals am Tag streifte Max zu Hause die Boxhandschuhe über und schlug auf den Sandsack ein. Für ihn eine großartige Möglichkeit, seine enorme Wut loszuwerden. Fast alle Boxer wurden von der Wut angetrieben. Als der dreimalige Weltmeister Muhammed Ali 12 Jahre alt war, wurde ihm sein rotes Fahrrad gestohlen. Der bettelarme Cassius, wie er damals hieß, begann mit dem Boxen, weil er stark genug sein wollte, wenn er den Dieb gestellt hatte. Das Fahrrad wurde nie gefunden, der Dieb war noch einmal davongekommen.

Max war wieder am Gürtel angelangt. Seine Hand streifte das Halskettchen, an dem der kleine goldene Boxhandschuh hing, ein Geschenk seines Vaters. Er wollte ihn nicht enttäuschen.

Die junge Frau, die eine wertvolle Brosche als Pfand anbot, blickte hoffnungsvoll und ängstlich zugleich.

„Was bekomm ich dafür?“, fragte sie nervös.

Der Mann hinter der Panzerglasscheibe schaute das Schmuckstück kurz an und zuckte mit den Schultern.

„Mehr als 100 Euro kann ich nicht bieten.“

Die Frau seufzte, nahm das Geld und verschwand. Möglichst schnell raus aus dem Pfandhaus, bevor sie jemand erkennen würde.

Sarah Pribil war 37 Jahre alt, aber manchmal schaute sie trotzig drein wie ein kleines Mädchen. Das Leben dieser Frau war schon länger eine Kettenreaktion immer neuer Katastrophen. Die Mutter zweier Kinder war ständig mit dem Überlebenskampf beschäftigt.

Oft fiel ihr Blick auf den Stapel von Verträgen, Rechnungen und Mahnungen. Sie hatte den Überblick über die zerrütteten Finanzen längst verloren, wusste nicht, wie hoch sie verschuldet war, geschweige denn bei wem. Oliver war es stets gelungen, ihr etwas vorzumachen, die wahre Situation zu verschleiern. Ohne ihr Wissen, aber unter ihrem Namen hatte er zwei Kredite aufgenommen und nie beglichen.

Sarah war anfangs bemüht, das Leben der Kinder so normal wie möglich verlaufen zu lassen. Doch die heile Welt ließ sich nicht lange vorgaukeln. Die Raten konnten nicht mehr bedient werden. Die Banken weigerten sich, Kredite zu verlängern.

Plötzlich war der Gerichtsvollzieher mit dem „Vollstreckungsauftrag“ vor der Tür gestanden.

Sarah war von der Zwangsräumung völlig überrumpelt worden. Eine abgegriffene Plastiktüte, in der sie die Dokumente ihres Lebens aufbewahrte, eine Reisetasche, vollgestopft mit Kleidern, dazu zwei Plastiksäcke, das war alles, was sie und die Kinder nach dem Rauswurf aus der alten Wohnung dabeihatten. Die Scham, in der Notunterkunft ein warmes Essen entgegenzunehmen, war riesig groß.

Sarah fand die Wohnung und die neue Umgebung im Gemeindebau zum Abgewöhnen, doch alles sei ja „nur vorläufig“, tröstete sie die Kinder, eine Übergangslösung. Damit jedes der

Geschwister ein Zimmer hatte, schlief sie auf einer Couch im Wohnzimmer.

Von nun an lebte sie beständig im Vorgefühl einer neuen Katastrophe und in Angst vor dem „Unvorhergesehenen". Nur nicht krank werden, das Auto durfte nicht in die Werkstatt, sie horchte auf die Waschmaschine, jedes abweichende Geräusch ließ sie aufschrecken. Die Schuhe der Kinder mussten noch halten. Ihr Leben glich einem Minenfeld, ein falscher Schritt und alles konnte hochgehen.

Mit dem gewohnten Blick in Schaufenster und auf Werbezettel war es nun vorbei. Auf „Warenkorb" und „Kaufen" klicken war ohnehin Vergangenheit. Soziale Medien waren ab nun totale Zeitfresser. Sie hatte auch ihr Profil auf Facebook gelöscht. Es gab keine tollen Bilder mehr, die sie hätte posten können. Nun glaubte sie, ein Leben als eine Art Alien zu führen. Ein Wesen aus einer fremden Welt, unsichtbar für ihre Mitmenschen.

Die Wut ließ sie manchmal hochschnellen wie eine Sprungfeder. Die Zeit nach der Delogierung verschwamm zu einem Brei aus unbezahlten Rechnungen.

Verwandte und Freunde durften auf keinen Fall von ihrer Lage erfahren. Sie hatte inzwischen gelernt, dass man keine Freunde hat, wenn man arm ist. Ihre alten Freunde hatte sie hinter sich gelassen, neue Freundschaften wollte sie nicht eingehen.

Die soeben versetzte Brosche war die einzig verbliebene Erinnerung an die verstorbene Oma. Ihr Leben war aus den Fugen geraten, der Mann tot, die Träume zerstoben. Und die Kinder mussten sehen, wie sie damit zurechtkamen.

Runde 2

KIM

Weiß der Teufel, wie die Eltern auf Kimberley gekommen waren. Ein Name, der an 541. Stelle der beliebtesten Mädchennamen stand. Angeblich hatte Papa für eine amerikanische Film-Beauty mit diesem Namen geschwärmt. Eine Schauspielerin, die heute kein Mensch mehr kannte!

Kim war um einiges größer als der ältere Max, nannte ihn aber beharrlich „großer Bruder". Wenn sie sich bei einer Party vorstellte, gab es immer jemanden, der blöd lachte. Wer Kimberley hieß, war mit großer Wahrscheinlichkeit verhaltensgestört oder asozial. Deshalb wollte sie nur mehr Kim heißen.

Luca aus ihrer Klasse sagte, dass Kim cool klinge. Doch neulich hatte tatsächlich jemand gefragt, ob ihre Familie aus Nordkorea stamme, weil die Leute dort so hießen: Kim Jong-un, Kim Il-sung ...

Sie stand auf US-Rapper, mochte gute Beats und Wortakrobatik mit geballter Wut, die ihr nahe war. Am liebsten hörte sie härtere Texte wie die des US-Hip-Hoppers Blackbear. Mitunter träumte sie sich in eine Welt hinein, in der sie Rapperin war. Sie schloss die Augen und sah sich auf einer großen Bühne, wo sie ihren aufgestauten Frust hinausschrie. Mama hasste Rapper, die würden schlecht über Frauen singen, aber das war ihr egal.

Über ihre Schultern fiel eine rote Mähne. Die Buben ihrer Klasse hatten eine Schönheitsliste erstellt, darauf war sie an erster Stelle. Daher musste sie sich nicht ständig mit anderen vergleichen, in dieser Bilderflut auf Instagram, YouTube und SnapChat. Wer Likes und Follower jagte, musste dort herausstechen. Auch brauchte sie keinen halben Drogeriemarkt im Gesicht wie andere Mädchen.

Mädchen sollen gefallen, immer freundlich lächeln und am besten nirgendwo anecken. Diesem Klischee wollte Kim keinesfalls entsprechen – im Gegenteil! Mit 13 war sie aggressiv geworden, ihre Sprache hatte sich verändert. Plötzlich war sie die Lauteste in der Schulhof-Clique gewesen.

Früher war Kim schüchtern gewesen, ausgeglichen. Wer hätte auch ahnen können, dass sich ein ehemals süßes Baby auf eine unvorhergesehene Weise entwickeln würde? Den ersten Rausch hatte sie mit zwölf. Sie konnte sich nur mehr erinnern, dass es „irgendwas Süßes mit Wodka" war. Aber das hatte zum Aufnahmeritus ihrer damaligen Clique gehört.

Ihre Mutter war von einer Lehrerin angesprochen worden, wegen Kims aggressivem Verhalten, ihren Fehlzeiten in der Schule, dem blassen Gesicht. Die Augen waren oft so stark gerötet, dass die Pädagogin vermutete, es seien Drogen im Spiel. Doch das, wonach Kim süchtig war, konnte man nicht im Labor nachweisen: Internet, Smartphone und Fernsehen hinterließen keine Spuren im Blut. Sie nahm das Handy sogar aufs Klo mit.

Kims Sucht beschränkte sich auf Arztserien, egal ob „Grey's

Anatomie", „Dr. House" oder „Emergency Room". Wenn der Arzt verzweifelt rief: „Wir verlieren ihn, schnell, wir müssen intubieren!", dann wusste Kim genau, was zu tun war: „Doktor O'Malley, geben Sie zwei Milligramm Lidokain!"

Einige ihrer Freundinnen trieben sich nächtelang auf der Donauinsel herum. Besorgte Eltern machten Abgängigkeitsanzeigen bei der Polizei. Aber 14 zu sein hieß eben auch, getrieben zu sein. Keinen Kick oder Thrill auszulassen.

Wenn Freundinnen mit ihr ins Kino wollten, auf Partys oder shoppen, konnte sie nicht mithalten. Die fragten, ob sie mitkommen wolle und wenn sie immer Nein sagte, fragten sie irgendwann nicht mehr. Ihre Ausrede: „Ich muss auf meine kleine Cousine aufpassen."

Ihre Wohnung war zu klein und schäbig, um Freundinnen einzuladen. Niemand sollte merken, wie es um sie stand.

Kim suchte nach Möglichkeiten, in den Ferien Geld zu verdienen. Sie wollte Pizza-Flyer an die Türen stecken. „Kommt nicht in Frage!", hatte ihre Mutter abgewehrt. „Für ein Mädchen viel zu gefährlich. Da wirst du höchstens blöd angemacht." Dann wollte sie Babysitten. Mit 14 hätte sie die gesetzlichen Vorgaben hinsichtlich des Mindestalters auch erfüllt, doch die Mutter meinte, das komme für sie zu früh.

Der Tod ihres Vaters hatte Kim sehr getroffen. Jeden Tag wachte sie mit demselben Gefühl von Verlust und Einsamkeit auf. Papa konnte Lasagne kochen und den Geschirrspüler reparieren. Als „Papas Mädchen" hatte sie sich stets mehr erlauben dürfen als der ältere Bruder. Sie wollte ihn noch so viel fragen, ihm noch so viel sagen. Manchmal stellte sie sich vor: Der große, starke Papa, der plötzlich zur Tür hereinkommt und sagt: „Ich habe dich vermisst!“

Ihr einziger Trost war nun ihre Katze Daisy, die immer dann näher an sie heranrutschte, wenn sich in ihren Augen Tränen sammelten. Katzen konnten menschliche Gefühle erstaunlich gut deuten. Sie waren für Kim die besseren Menschen, sanft und verschwiegen, witzig und zärtlich. Sie hatten Charme und Schönheit und das, was Menschen eher suspekt macht: Charakter und Persönlichkeit.

Kim wollte unbedingt Ärztin werden. Doch würde das Geld für das Studium reichen? Sie war bereit zum Eintritt in das Leben der Erwachsenen. Nur öffnete ihr niemand die Tür. Das Leben hatte Wände hochgezogen. Kim konnte nur den Kopf in den Nacken legen, sich recken und ein ungefähres Bild erhaschen von dem, was ihr entging.

Kim verschnürte die Boxhandschuhe und zog die Bänder fest. Max traktierte den Sandsack, verbesserte seine Beinarbeit und übte Links-Rechts-Schlagkombinationen. Dazu hörte er Tom Pettys „I Won't Back Down“ – Ich weiche nicht zurück. Der Song des US-amerikanischen Musikers war seine persönliche Hymne, die ihn anspornte und vorwärtstrieb. Seine harten und schnellen Schläge übertönten die Musik.

Der Nachbar in der neuen Wohnung hieß Adalbert Schebesta. Max fand in ihm einen Helfer. Der alte Herr erwies sich als geschickter Handwerker und hatte seinen Sandsack an der

Zimmerdecke befestigt. Herr Schebesta kannte sich auch im Boxsport aus. In seiner Jugend hatte er Kämpfe von Laszlo Papp und Hans Orsolics in der Wiener Stadthalle gesehen.

Max erhöhte die Schlagfrequenz. Er pendelte in geduckter Haltung hin und her, auf und nieder, jabte und tauchte. Seine stärksten Waffen im Ring waren ein blitzschneller linker Aufwärtshaken und seine Geschwindigkeit. Er war schneller und beweglicher als die anderen und er trainierte härter.

Nur mehr zwei Wochen bis zum Titelkampf. Max wollte sich rausboxen aus dem Elend. Er dachte an Mike Tyson, der aus dem ärmsten Viertel New Yorks kam. Manchmal war Max noch zu sehr Heißsporn. Wenn er sich einem Gegner überlegen fühlte, vergaß er oft die taktischen Anweisungen seines Trainers.

Einmal um das ganz große Geld boxen – davon träumten sie alle in der Boxarena!

Charly stand für den Traum von Wohlstand und Coolness. Der ehemalige Europameister im Mittelgewicht kam aus Hamburg. Er hatte seine Kampfbörsen nicht verschleudert wie andere Boxer. Er besaß ein Café beim Wiener Westbahnhof und ein Restaurant in der Innenstadt.

Gegen 17 Uhr kam die Mutter von der Arbeit zurück und kontrollierte sofort, ob die Wohnung aufgeräumt und die Besorgungen erledigt worden waren. Höchste Alarmstufe herrschte stets, wenn sie über die laufenden Ausgaben sprach: Miete, Versicherung, Strom, Gas, Wasser, TV-Gebühren. Heute rückte sie ihre schärfste Waffe heraus, ihr digitales Haushaltsbuch: Sie hatte am Laptop eine Tabelle mit allen Einnahmen und Ausgaben erstellt. Dies sollte helfen, den Überblick über die Finanzen zu wahren und Geld zu sparen.

„Klar ist, dass wir in nächster Zeit keine großen Sprünge machen können", stellte sie nüchtern fest und zeigte den Kindern Kassenzettel aus dem Supermarkt und Tankbelege, die sie in Klarsichthüllen sammelte.

„Wozu liest du uns den Shit vor?", fragte Kim. „Sag gleich, dass es weniger Taschengeld gibt."

Die drei lieferten sich diese täglichen kleinen Machtkämpfe, wie sie wohl in jeder Familie stattfanden. Im Mittelpunkt standen fast immer Geld und Schulden. Ihre Mutter begann wieder, in ihren Quittungen zu wühlen, sprach von den „notwendigen Dingen", zeigte auf ihre digitale Soll-und-Haben-Tabelle und öffnete die Datei „Mögliche Sparmaßnahmen". Sie wippte mit den Beinen, als wollte sie jeden Moment aufspringen.

„Den Gürtel enger schnallen", äffte Kim. „Das hören wir schon seit Monaten."

„Irgendwann müssen wir doch aus dem Gröbsten raus sein," sagte Max.

„Wir stecken aber noch immer mittendrin. Es gibt 20 Euro Taschengeld im Monat. Mehr ist nicht drin. Ich zahle außerdem eure Handy-Verträge."

20 Euro! Das bedeutete, man verfügte jeden Tag über ein Budget von 67 Cent. Die Pizzaschnitte an der Ecke – unerschwinglich! Der Eistee am Schulbuffet – Utopie! Im Kühlschrank herrschte eine Woche vor Monatsende Leere: ein Zipfel Leberwurst, etwas Butter und eine Dose mit Tomatensauce.

„Jeder muss ein Opfer bringen", erklärte ihre Mutter. „Ich habe vor drei Monaten mit dem Rauchen aufgehört."

„Schicke Hose, ist die neu?", fragte Kim.

Ihrer Mutter war sehr wohl bewusst, dass hinter der Frage ein Angriff steckte. Sie machte das Mama-ist-genervt-Gesicht und funkelte bedrohlich mit den Augen.

„Ein Sonderangebot, zwei Hosen um 50 Euro, ich kann in der Firma nicht wie Aschenputtel herumlaufen. Die Blusen sind ohnehin aus dem Secondhandladen."

„Was machen wir in den Ferien?", wollte Max wissen.

„Zu Hause bleiben – was sonst? Ihr könnt Ferien machen. Ich muss sowieso arbeiten."

Die Geschwister wussten ganz genau, wann im Monat sie die Mutter um Geld bitten konnten und wann das nicht mehr ging. Ihnen war auch bewusst, wo die Grenzen verliefen. Was möglich war. Und was nicht ging.

In letzter Zeit quälte Kim ein Gedanke: Was, wenn plötzlich kein Geld für den Tierarzt da war? Ihrer Mutter waren ja bereits die Ausgaben für Katzenfutter und Streu zu viel. Daisy wusste, dass die Mutter sie nicht mochte. Deshalb hatte sie ihr unlängst in die Schuhe gepinkelt.

Für Sarah Pribil hatte die Zeit des großen Schämens begonnen. Es hatte sich herumgesprochen, dass sie nach dem Rausschmiss aus der alten Wohnung samt den Kindern in einer Notunterkunft in Mariahilf gelandet war. Sie fragte sich oft, ob sie Max und Kim später für alles verantwortlich machen würden.

Die drei igelten sich an ihrer neuen Adresse ein. Es war der einzige Ort, wo sie sich nicht rechtfertigen mussten. Sie wohnten jetzt dort, was gerne als „sozialer Brennpunkt“ bezeichnet wird. Immer wieder rückte die Polizei an, auch wegen primitiver Macho-Männlichkeit. In heißen Sommernächten hörte man das Weinen gequälter Frauen, berstendes Glas und Kindergeschrei.

Max, Kim und die Mutter reihten sich im Gemeindebau in den Reigen der Hoffnungslosen ein: Sie hatten Essen, Kleidung, wenig Geld, überzogene Konten und keinen Glauben an das, was andere „die Zukunft“ nannten. Einzige Hoffnung war der wöchentliche Lottoschein.

Im Pendelschlag der Gefühle bewegten sich die drei ständig zwischen Aggression und stummer Resignation. Und manchmal war es am Küchentisch merkwürdig ruhig. Dann schien allen bewusst zu sein, dass sie Teil einer Schicksalsgemeinschaft waren.

Runde 3

LAST EXIT BÜCHEREI

Max wusste, er würde sich verspäten. Schuld war dieses verdammte Medikament gegen Bluthochdruck. Der freundliche Nachbar, Herr Schebesta, hatte ihn darum ersucht, er würde es dringend brauchen, und er konnte schwer Nein sagen. In der Apotheke war gerade viel los.

Charly legte großen Wert auf Pünktlichkeit. Max rannte, so schnell er konnte. Noch zwei Kreuzungen, natürlich beide auf Rot, dann die Treppen runter in den Arena-Bunker.

„Entschuldigung, Trainer!"

Charly starrte ihn an und sein Blick sagte, was er nicht aussprach: „Mach das nie wieder!"

Es ging los mit Aufwärmen. Seilspringen, Kniebeugen, Stretching, Liegestütze, 50 Armstrecker mit einer 4-Kilo-Hantel in jeder Hand. Zum Schluss Situ-ps, die harte Bauchmuskeln versprachen, das war Sixpack-Workout pur! Max fiel es nicht schwer, sich zu quälen. Im Boxsport waren Schnellkraft und Ausdauer wichtig, nicht Muskelkraft.

Wochenlang hatte er sich eisern und verbissen auf seinen ersten großen Kampf um den Titel eines Landes-Junioren-meisters vorbereitet. „Du musst mir zeigen, dass du es willst!", hatte Charly gefordert. „Jeden verdammten Tag."

Sein Gegner war ein Wiener mit bosnischen Wurzeln und

einem unaussprechlichen Namen, weshalb er sich den Kampfnamen „Tiger“ gegeben hatte. Fünf Stunden am Tag machte sich Max heiß für den Fight mit dem Tiger, der im Rahmenprogramm eines EM-Titelkampfes stattfinden sollte. Er hatte sein morgendliches Laufpensum auf 15 Kilometer erweitert.

„Hände!“, befahl Charly. Er bandagierte seine Hände mit weißen Binden und einem Klebeband. Dann streifte er ihm die zwölf Unzen schweren Sparringhandschuhe über. Der Trainer konnte seine Boxer auf den jeweiligen Gegner taktisch perfekt einstellen. Der Tiger war ein Linksausleger.

„Der Bursche zählt nicht zur Kategorie Fallobst, er ist ein harter Puncher und hat ein gutes Auge“, erklärte Charly. „Du darfst dich auf keinen Nahkampf einlassen. Du schlägst eine linke Gerade und tauchst wieder weg. Angreifen und weg vom Gegner, angreifen und weg vom Gegner. Kein Infight! Hast du verstanden?“

Charly warnte ihn ausdrücklich vor seiner Rechten. „Ein Power-Boxer kann dich so hart treffen, dass du glaubst, du hast deinen Mundschutz verschluckt.“

Der Trainer hielt nun Pratzen in die Luft, Max schlug in die Schutzhandschuhe. Leder knallte auf Leder, oft begleitet von Charlys Rufen.

„Du stehst nicht richtig, achte mehr auf dein rechtes Bein, rechts fest stehen, linke Hand schlägt. Los, bleib dran!“

Max trippelte, er tänzelte und feuerte seine gefürchteten Links-Rechts-Schlagkombinationen ab. Charly war zufrieden, er wandte sich wieder seiner Gruppe zu.

Max nahm einen Protein-Drink und prügelte nun auf den Sandsack ein. Er war erleichtert, dass sein Zuspätkommen keine Folgen hatte. Oft konnte man schon für kleinste Verfehlungen zu Strafliegestützen verdonnert werden. Vergessen würde Charly den Fehltritt freilich nicht.

Vorige Woche hatte er einen Boxer aus seiner Gruppe gefeuert. Timo hatte eine Anzeige wegen eines Drogendelikts. Fast alle in Max' Klasse wussten, wie und wo man Drogen bekam. Er selber verließ Partys stets unter Protest, wenn dort ein Joint zu kreisen begann. Sicher hatte Kim bereits gekifft, das war aber nie ein Thema zwischen ihnen.

„Ran, ran, ran! Kinn runter!“ Wenn Charly seine Kommandos hinausschrie, schien der Bunker zu beben. Er widmete sich gerade einem Sparringskampf im dritten Ring. Es war diese Aura von Gewalt und Geheimnis, die ihn umgab. Eine Ausstrahlung, die Leute mitreißen konnte. Mit seinem muskulösen Oberkörper und den Tattoos auf seinen Armen hätte er auch als Gefängniswärter für Schwerkriminelle gute Figur gemacht.

Der Trainer wusste, dass sich in seiner Gruppe wütende, oft problematische Halbwüchsige befanden. Die Gegenden, wo sie lebten, waren gefährlicher als der Boxring. Das Halbdunkel der Boxarena zog manch zwielichtige Figuren an, die es außerhalb des Ringgevierts ähnlich brutal mochten wie mittendrin. Manche rechneten es Charly hoch an, dass er diese jungen Leute von der Straße holte. Doch man konnte einen Jugendlichen aus dem Viertel rauskriegen – aber das Viertel nicht aus ihm!

Alle hier bewegte nur die eine Frage: Wie werde ich ein noch besserer Boxer? Jeder hoffte, dass ihn Charly eines Tages auch managen und an einen Boxpromoter vermitteln würde, der ihn als Investition in die Zukunft sah. Dann stand die Tür zu Ruhm und Reichtum weit offen. Wenn es eines dieser Talente an die Spitze schaffte, konnte auch Charly viel Geld verdienen. Der Box-Stall der Arena galt als eine der führenden Profischmieden Wiens.

Max wurde angetrieben von der Magie, alles für seinen Traum zu riskieren. Es war diese jungenhafte Siegessicherheit, die ihn stark machte. Das Leben war eben ein Kampf, aus dem nur siegreich hervorging, wer stärker war, wer es höher, schneller und weiter schaffte.

Als Max am Abend die Halle reinigte, war es plötzlich geisterhaft still. Seine Blicke streiften die Poster an der Wand: Joe Frazer, George Foreman, daneben ein verblichenes Plakat, das einen Boxkampf in der Wiener Stadthalle ankündigte: Europameisterschaft, Hans Orsolics gegen Conny Rudhof, 6. Juni 1967.

Charly saß in seinem Büro, dessen Wände mit Bildern tapeziert waren. Sie zeigten Karl „Charly" Schmitz im Kampf, mit Siegerkränzen, mit Promi-Freunden und schönen Frauen, die Trophäen eines glamourösen Lebens. Einige hielten Charly für kalt und berechnend. Er ließ gerade so viel Nähe zu, wie er kontrollieren und tolerieren konnte.

Heute hatte ihn der Trainer gefragt, ob sich seine Situation inzwischen gebessert hätte. Er betonte oft, dass Boxen zu 90 Prozent im Kopf stattfinden würde. Wer einen Rucksack mit privaten Problemen mit sich herumschleppte, war im Ring nicht gut genug.

„Auch meine Kindheit war alles andere als rosig", sagte Charly, als sich Max verabschiedete. „Die besten Kämpfer sind alle irgendwann einmal durch die Hölle gegangen. Das hat sie hart gemacht."

Es waren viele wahre und falsche Geschichten über den Ex-Champion im Umlauf. Sein Vater war angeblich bei einer Schießerei ums Leben gekommen. Mit 15 war er aus einem Heim in Hamburg ausgerissen und hatte sich als Schiffsjunge auf hoher See durchgeschlagen.

„Du bist hier nicht der Einzige mit diesem Problem", sagte Charly und strich mit der Rechten über seinen glattrasierten Kopf. „Irgendwie solltet ihr euch zusammentun und auf euch aufmerksam machen."

„Wie denn?"

„Ihr Jungen kennt euch doch bei diesem Social-Media-Kram bestens aus. Dort könnt ihr auf eure Lage hinweisen, lasst euch was einfallen."

Was bloß anfangen mit diesen Sommerferien? Ein Ozean von Zeit, der für Max und Kim nichts als Langeweile versprach.

Täglich gegen 11 Uhr machten sich die Geschwister auf den Weg zur Hauptbücherei am Gürtel. Sie wollten keine Bücher ausleihen, aber dort gab es freies WLAN. Hier trafen sie ihre Freunde, mit denen sie ihr Schicksal teilten, weil sie ebenfalls aus ärmlichen Verhältnissen kamen.

„Charly sagt, wir sollten auf Instagram auf uns aufmerksam machen," sagte Max, als sie beim Urban-Loritz-Platz angelangt waren.

„Aufmerksam machen? Worauf?"

„Na, dass wir nichts haben, dass es uns beschissen geht."

„Charly ist ein Idiot, der von Social Media keine Ahnung hat", sagte Kim. „Wahrscheinlich hält er TikTok für eine Uhr."

„Aber wir sollten zeigen, dass es uns gibt."

„Das ist die blödeste Idee, die ich jemals gehört habe", ereiferte sich Kim. „Willst du, dass man mit Fingern auf uns zeigt? Seht her, die armen Kinder, das Bettelvolk. Du brauchst nur an Mama zu denken, die sich niemals als arme Frau outen würde. Sie könnte im Sozialmarkt für acht Euro einen vollen Einkaufskorb haben. Aber sie schämt sich, möchte von anderen Armen nicht gesehen werden. Sie hat Angst, jemand könnte sie fotografieren. Außerdem muss man sich dort in eine Datenbank eintragen."

Die Bücherei war ihr zweites Zuhause, ein behagliches Wohnzimmer, in dem sie während des Schuljahres für Referate recherchierten und an eigenen Lernplätzen ihre Hausübungen erledigten. Zu Hause fehlte ein ruhiger Ort. Die Bibliothek war ihre Oase im rauen Alltag.

Sie saßen schweigend zwischen mehr als 300 000 Büchern, die darauf warteten, mit nach Hause genommen zu werden. Nur das Geräusch scharrender Füße oder Stühle, ein Räuspern aus den Lesenischen und ab und zu ein lautes Wort und das mahnende „Pst!" einer Bibliothekarin waren zu hören.

Sie bildeten eine lange Reihe, in der es ständig blinkte, vibrierte und flimmerte. Die Gesichter strahlten eine Ernsthaftigkeit aus, die man bei der Generation Playstation eher nicht erwartet hätte. Die User bewegten sich im digitalen Strom aus News und Fake-News, wischten über ihre Handys, checkten Social Media. Hin und wieder machten sie sich auf Dinge aufmerksam, zeigten sich Bilder.

Das Internet begleitete sie wie ein bester Freund. Es war wie ein Geländer, das Halt verlieh. Mit jeder aufgerufenen Seite klammerten sie sich daran fest. Sie vertrauten diesem Gefährten ihre Geheimnisse an, er war ihr Berater, er klärte sie auf und wusste alles über erste Liebe. Und er stellte, anders als die Eltern, keine peinlichen Fragen.

Kim konnte sich in der Bibliothek ganz diskret an „Doktorsex“ wenden, den TikTok-Kanal über Gesundheit, Aufklärung und Sexualität. Oder auf YouTube Erklärvideos einer Gynäkologin und eines Urologen schauen. Das Smartphone mit dem zerkratzten Display war das abgelegte Gerät ihrer Mutter. Max hatte auf YouTube einige Channels abonniert und schaute Videoclips der Jahrhundert-Boxkämpfe. Er versuchte, sich etwas von den ganz Großen abzuschauen.

Jeder hatte eine verrückte, zum Teil tragische Geschichte. Zur Clique gehörte auch Roland, von allen Rolli genannt. Wer ihn zum ersten Mal sah, starrte ihn an wie einen entlaufenen Gorilla. Er ging stets gebeugt wie jemand, dem seine Größe von 1,95 Meter selbst unheimlich war. Rollis lange, dürre Beine steckten in abgewetzten Turnschuhen. Natürlich hätte er nicht Nein gesagt, einmal mit Air-Jordan-Schuhen von Nike über den Schulhof zu gehen und damit die Blicke der anderen auf sich zu ziehen. Doch es gab so viele Dinge, die ihm dringlicher erschienen.

Samir war der größte Computer-Freak. Sam oder Sammy, wie er in der Clique hieß, trug schon wochenlang dasselbe T-Shirt. Er prahlte damit, dass er in wenigen Minuten in die Hauptdatenbank der Polizei einbrechen oder einen Telekom-Satelliten hacken könne. Sams Stimme schlug manchmal in ein Kieksen um. Er hatte schiefe, gelbliche Zähne und war stets bemüht, nicht mit offenem Mund zu lächeln.

Die Clique von der Bücherei war eine verschworene Schicksalsgemeinschaft aus Buben und Mädchen, was sie vereinte, war ihre Armut. Sie betrachteten es als riesige Sauerei, dass sie hier herumhingen, während draußen auf der Bühne des Lebens eine bunte Vorstellung lief, von der sie sich ausgeschlossen fühlten. Sie saßen im dunklen Zuschauerraum und versuchten zu ergründen, wie ihr Leben auf dieser hell erleuchteten Bühne aussehen könnte. Hier, immerhin, spielten Äußerlichkeiten wie ausgelatschte Schuhe keine Rolle. Niemand verschwendete auch nur einen einzigen Gedanken an Selbstoptimierung mittels Filter und Beauty-App.

Sie mussten sich auch nicht schämen, dass sie keinen Kommentar zum neuesten „Star Wars"- oder „Avatar"-Film abgeben konnten. Ein Netflix-Abo konnte sich sowieso niemand leisten. Ab und zu schnappten sie auf, wie Kids aus gutem Hause über die neueste Serie sprachen: „Wie war der Film?" – „Ach, ging so, aber die Blonde war scharf." – „Welche Blonde?" – „Die mit den eisblauen Augen, wie heißt sie gleich?“ Sie wirkten gestylt, die Haare mit Spray und Gel in Fasson gebracht, Levis- und McQueen-Shirts, Baggy-Jeans und Markenturnschuhe. Mädchen hingen die Airpods aus den Ohren. Wenn sie in den Büchern blätterten, starrte Kim auf ihre fliederfarbenen, aufgeklebten Nägel. Wie sich Armut anfühlte, hatte eben auch viel damit zu tun, wie reich die anderen waren.

Das alles war verdammt ungerecht! Sam brachte es auf den Punkt: „Wir haben keine Schulden gemacht, nicht auf Raten gekauft, keinen Job vermasselt und nichts verbrochen. Trotzdem müssen wir die Scheiße unserer Eltern ausbaden.“ Sie hatten auch nie Geld für teure Sachen vergeudet, statt es für Schulhefte und Klassenfahrten auszugeben. Rolli und Sam waren 13 und sie wussten, dass ihre einzige Chance ein gutes Abschneiden an der Mittelschule war.

Die Bibliotheksdamen schoben Wägelchen durch die Reihen und ordneten Bücher ein. Inmitten ihrer Freunde begriffen Max und Kim, dass Armut ein Gift war, das langsam und lange wirkte. Sie hatten Angst, dass dies unabwendbar immer so sein und sie der Armut vielleicht nie entkommen würden. Immer weiter zu sinken, bis einen niemand mehr sah.

Es fehlte nicht an Willen, aktiv zu werden und aus dieser Tristesse auszubrechen. Sam war hin und wieder Ballbub in einem Tennisclub. „Ich suche mir die Spieler aus, die mit den teuersten Autos kommen und nach Geld stinken.“ Doch mehr als sieben Euro die Stunde war da nicht zu holen. Oft erwiesen sich gerade die scheinbaren Millionäre als knausrig.

Rolli sagte, er würde in den reichen Vierteln auch Rasen mähen, doch viele hatten heute einen Roboter.

Manchmal schien es, als wäre der Kampf gegen die Langeweile härter als der Kampf ums Überleben. Dieser Sommer war so heiß, dass der Teer auf den Straßen zu schmelzen drohte. Es war diese tägliche, unerträgliche Schwüle, die träge und trübsinnig machte. Sie trieb den Schweiß aus der Haut und ließ die Kleider am Körper kleben.

Am Abend saßen sie auf der großen Bibliotheks-Freitreppe. Sam rückte ganz nahe zu Kim, die er aufregend fand, doch Max' Schwester gab sich zugeknöpft. Irgendwie fanden die meisten Mädchen Samir nett, aber eben nur irgendwie. Lag es an seiner hohen Stimme? Oder den schiefen Zähnen?

Die Schatten wurden länger. Tauben flatterten, ein Augustin-Verkäufer wartete auf Kundschaft, ein Obdachloser mit einer Matratze unterm Arm suchte einen Schlafplatz. Auf den höchsten Stufen mit dem Blick über die Dächer Wiens kamen sich die vier vor wie Eidechsen in der Sommerhitze.

„Dummerweise glauben ja die Menschen, die Tiere würden die Hitze genießen", sagte Rolli. „Weil es den Eidechsen zu warm wird, werden viele Arten in Zukunft verschwinden."

Wenn man sie nach ihrer eigenen Zukunft fragte, verstummten sie. Die Zukunft – ein leeres Loch! Die Welt wartete nicht auf sie.

Die Bücherei war ihre Burg, die ihnen Schutz und Halt verlieh, ein Notausgang aus dem familiären Dilemma. Daheim wartete das blanke Elend mit überforderten Eltern. Einige waren krank, saßen im Gefängnis oder waren tot. Die Ersatz-Familie Bibliothek vermittelte Geborgenheit, die das Zuhause nicht bot. Geld war oft so knapp wie Zuneigung.

Mit Getöse brausten Einsatzwagen von Rettung und Polizei durch den dichten Verkehr des Neubaugürtels. Sam machte den Vorschlag, man müsste den tristen Alltag dauerstreamen. Das eigene Leben ungefiltert ins Netz übertragen, vom Aufstehen bis zum Zubettgehen, sieben Tage die Woche, damit die ganze Welt an diesem Unrecht Anteil nehmen konnte.

Runde 4

KAMPF MIT TIGER

In der ersten Runde dominierte Max das Geschehen. Er schlug Gerade und Haken, abwechselnd mit der Führhand und der Schlaghand. Er trieb den Tiger vor sich her, der sich oft nur durch Klammern zu helfen wusste. Immer wieder musste der Ringrichter die beiden Boxer trennen.

Die Luft war heiß und vor Spannung aufgeladen. Gegen Ende der 2. Runde kam der Tiger allmählich auf. Er pendelte in seiner geduckt lauernden Stellung, aus der heraus er seine rechten Geraden schlug. Max konnte die Entschlossenheit in seinen Augen sehen. Der Mundschutz blitzte zwischen den höhnisch verzerrten Lippen hervor, sein Atem ging stoßweise.

Angreifen und weg vom Gegner, hatte ihm Charly eingeschärft, doch Max stürmte ungestüm vorwärts, bis ihn eine Rechte am Kinn traf. Seine Beine sackten weg. Er taumelte gegen die Seile und ging zu Boden. Das Publikum tobte. Der Ringrichter schickte den Tiger in die neutrale Ecke und begann, Max anzuzählen: „… drei … vier … fünf …“

Max rappelte sich mühsam hoch, ging jedoch sofort wieder in die Knie. In seinem Kopf rumorte dieser eine Gedanke: aufstehen, weiterkämpfen!

„… sechs … sieben …“

An dieser Stelle seines Traums war Max heute Morgen im Bett

hochgeschnellt. Er keuchte, wischte sich den Schweiß von der Stirn, rieb sich den Kopf. Seine Arme fühlten sich schwer und gefühllos an.

Ein Albtraum der übelsten Sorte! Auf den Brettern zu sitzen und zu wissen, dass man in neun Sekunden wieder hochkommen muss. Alles war so echt, so grauenhaft wirklich gewesen. Er hatte sogar geglaubt, das Pfauchen des Tigers und die wütenden Zurufe von Charly zu hören: „Nimm die Fäuste hoch, verdammt!"

Natürlich hatte er bis zum Morgen nicht mehr einschlafen können. Beim Joggen war ihm auf halber Strecke beinahe die Luft ausgegangen. Wollte ihm dieser Traum am Ende etwas sagen? Da war dieses ungewisse Gefühl, dass in letzter Minute irgendwas passieren könnte. Er vertraute sich Kim an.

„Was meinst du?", fragte sie.

„Weiß nicht, irgendwas stimmt nicht."

Natürlich wusste er, dass so ein Satz merkwürdig klang. Aber er konnte sich nicht gegen dieses Gefühl wehren. Er war nur überzeugt, dass ihn dieser Schläger niemals auf die Bretter schicken würde.

Am Vormittag kam Herr Schebesta. Er half Max beim Montieren einer Boxbirne, die ihm der Manager der Arena geborgt hatte. Die Profipläne des jungen Mannes sah Schebesta äußerst skeptisch: Boxen sei wohl die schmutzigste Art, sein Geld zu verdienen. Max wusste nicht viel über ihn, außer, dass seine Frau verstorben war. Herr Schebesta wusste aber viel über die neuen Nachbarn, denn die Wände waren dünn. Es waren wütende

Menschen, vom Schicksal gebeutelt. Heute wollte er Max auf dieses Problem ansprechen: „Ich habe nach dem Krieg noch weit weniger gehabt als du", erklärte er.

Das kam Max bekannt vor. Auch Charly betonte stets, nichts gehabt zu haben.

„Mein Vater hat für die Rechte der kleinen Leute gekämpft. Meinen Großvater haben sie ins Gefängnis gesteckt, weil er sich für die Besserstellung der Arbeiter eingesetzt hat."

Der alte Herr genoss jede Zusammenkunft mit seinem jugendlichen Gesprächspartner. Vor ihm auf dem Tisch lag sein Handy, ein Modell speziell für Senioren mit den extragroßen Tasten, seine Nabelschnur zur Welt.

„Heute ist es aber leider so, dass sich wenig geändert hat", meinte er resignierend.

„Die Armen sind arm geblieben, die Reichen noch reicher geworden. Das Leben ist nun einmal nicht gerecht."

Herr Schebesta überlegte und schaute über den Rand seiner Brille, die dünn und zerbrechlich schien, auf seiner breiten Nase. „Irgendwie müssten sich die Armen wie früher einmal zusammentun und etwas unternehmen."

Zusammentun? Davon hatte auch Charly gesprochen. Das imponierte Max. Half ihm aber auch nicht weiter. Gegen das Unrecht aufstehen? Wie denn? Und wer hörte schon auf Kinder?

Herr Schebesta war einst U-Bahn-Fahrer gewesen. „Leben kann ich von meiner Pension nicht, nur überleben", meinte er. Die Begräbniskosten für seine Frau stotterte er in kleinen Raten ab.

Seine Wohnung war mit 40 Quadratmeter nur etwas größer

als ein Boxring. Es roch nach Armut und Einsamkeit. „Herzlich willkommen“ stand auf der Fußmatte vor seiner Eingangstür.

Leider konnte der alte Herr nur wenige Besucher willkommen heißen. Daher versuchte er, sich über die Einsamkeit hinwegzuschwindeln. Er erzählte von seiner Tochter und den beiden Enkelkindern, die ihn oft besuchten. Doch tatsächlich ließen sich die Tochter und die Kinder nie blicken. Er machte sich etwas vor, weil er die Wahrheit nur schwer ertragen konnte. Es waren diese kleinen Lebenslügen, die den Alltag im Gemeindebau erträglicher machten.

Nach dem Tod seiner Frau war Herr Schebesta an Depressionen erkrankt. Jeden Mittwoch kam eine junge Sozialarbeiterin. Sie war mit ihrem Therapiehund Conny im Auftrag des städtischen Gesundheitsdienstes unterwegs. Wenn Conny Hundebiskuits aus Schebestas Händen fraß, hellte sich seine Miene schlagartig auf. Die Sozialarbeiterin hatte Sarah Pribil ersucht, ab und zu nach ihm zu schauen. Vor wenigen Tagen hatte sie Frau Pribil strahlend mitgeteilt, der alte Herr sei „wie ausgewechselt“, seit er neue Nachbarn habe.

Herr Schebesta war ein aufmerksamer Zuhörer und nachdenklicher Gesprächspartner. Er redete mit höflichen Gesten, geheimnisvollen Pausen und schelmischen Blicken. Manchmal mit Anfällen sanfter Traurigkeit, die etwas über erlittene Verluste, Unheilbares und nicht Ausgelebtes erzählte. Angst war ihm fremd. Auch nicht davor, bald „endgültig die Adresse zu wechseln“, wie er das Unvermeidliche nannte.

Er erzählte vom Gemeindebau, wo die Bewohner oft neben-

und übereinander, ohne Kontakt mit anderen, lebten. Die Wohnblocks hießen B oder D oder E. Isolation und Anonymität waren groß. Mitunter war der Fahrstuhl der einzige „Kommunikationsraum". Wenn ein Alleinstehender starb, vergingen gelegentlich Wochen, bis er gefunden wurde, weil niemand ihn vermisste.

„Fuck the Nazis" stand mit fettem Filzstift im Fahrstuhl geschrieben, aber auch Schmierereien, die niemand wegmachte, weil doch wieder neue erscheinen würden.

Inflation, Teuerungswelle und „angepasste" Mieten vertrieben Menschen aus ihren Wohnungen, einigen wurden Strom und Gas abgedreht.

Die Verlierer waren die Kinder, die nur das Notwendigste bekamen. Viele waren noch nie im Zentrum, kannten keine Sehenswürdigkeiten, für den Zoo oder den Prater reichte das Geld nicht. Kaum verließen die Eltern mit den Kindern den Hof, taten sich die Verheißungen der Konsumwelt auf. In der Wohnung saßen sie vor dem Fernseher oder der Spielkonsole. Etliche kamen ohne Frühstück zur Schule. Bitter enttäuscht hatte Herrn Schebesta eine Aktion älterer Hausbewohner: „Sie haben Unterschriften gegen den Kinderlärm gesammelt. Ich habe nicht unterschrieben, seither werde ich von einigen nicht mehr gegrüßt."

Tatsächlich tollten kleine Kinder im Sommer noch gegen Mitternacht im Hof herum.

Bei Fluglärm konnte es vorkommen, dass syrische Kinder aus Angst vor einem Luftangriff schreiend aus der Sandkiste flüchteten.

„Leider gibt es hier auch immer mehr Verwirrte, Verstörte und

Aggressive", klagte Herr Schebesta. Man wusste nicht genau, ob diese Menschen in eine Notlage geraten waren, weil sie krank waren, oder ob sie eine Notlage krank gemacht hatte. Und zweifellos war dies die härteste Strafe, die manche Menschen krank werden ließ: die Leere, die Trägheit, der Stumpfsinn und die Ereignislosigkeit.

Die Hitze des Sommertages hatte sich endlich zu einer lauen Abendwärme abgekühlt. Über Wien lag der nächtliche Klangteppich aus Hupen, Musik und dem Geratter der Straßenbahnen.

Max, Kim, Rolli und Sam zog es in die Innenstadt. Die Straße als glitzernde Lebenswelt übte eine große Sogwirkung auf sie aus. Mit dabei waren auch die Zwillinge Mia und Maja von der Bibliotheksclique. Sie wuchsen bei ihren völlig überforderten Großeltern auf, da Mama und Papa auf Drogen waren. Die zwei Mädchen verstanden sich prächtig mit Kim, weil sie ebenfalls ganz auf Rebellion gepolt waren. Mia trug ein ledernes Halsband mit Buchstaben – „BAD GIRL". Maja schaffte es, in einem einzigen Satz dreimal „Fuck" zu sagen.

Rolli erzählte von seiner nächtlichen Container-Tour. Er fischte Lebensmittel aus den Mülltonnen von Supermärkten. Containern war verboten, aber Rolli sah sich nicht als Krimineller, sondern als „Lebensmittel-Retter". Seine Beutezüge waren eine willkommene Ergänzung am Familien-Mittagstisch. Man sollte nie alles mitnehmen, lautete seine Überzeugung: „Nach mir kommen auch immer noch andere Mülltaucher, die nicht mit leeren Händen nach Hause gehen wollen."

Über den Stephansplatz flanierte der Luxus in Form von Chanel-Mützchen und Louis Vuitton-Täschchen. Vergnügte Menschen bevölkerten die Kärntner Straße, verdrückten üppige Eisbecher und nippten an ihren Latte Macchiatos. Dazwischen Touristen in Dreiviertel-Hosen mit Wasserflaschen und Rucksäcken. Sie sahen die glitzernde Innenstadt für das ganze Wien an. Ein Fahrradkurier bewegte sich mit einem riesigen Fresspaket durch die Menge.

Oft glaubten die sechs Freunde, dass man ihnen Blicke zuwarf, abschätzige Blicke, als müsste irgendwas auf ihrer Stirn stehen. So was wie: „Die Kinder, die betteln gehen."

„Was versprecht ihr euch davon?", hatte Sam gefragt, der diesen Ausflug in den ersten Bezirk skeptisch gesehen hatte. „Das kann nur mit Frust enden!"

Eigentlich wollten sie ja niemanden an sich heranlassen, der sie verdächtigen könnte, bettelarm zu sein. Hier wurde ihnen erst so recht bewusst, dass sie an den brüchigen Rändern der Gesellschaft lebten, die den Flüchtlingen und Armen zugewiesen wurden.

Doch sie wollten aus der Unsichtbarkeit ihres Daseins heraustreten und sich wenigstens einmal der Unsichtbarkeit verweigern. Um zu zeigen, dass es sie gab in dieser Stadt: Wir sind die Unterlegenen, von denen ihr nichts wissen wollt! Maja wollte es den Menschen ins Gesicht schreien: „Wir, die Loser, die Gedemütigten, die Proleten, kommen mit unserem Frust, unserer Langeweile und unserer verfickten Wut zu euch."

Auch Mia und Maja hatten erfahren müssen, wie ungerecht

es war, dass immer nur die anderen schicke Klamotten, ein strahlendes Lächeln und Selbstbewusstsein zeigten, während man selber weder ein Handy noch ein Sparschwein zum Schlachten besaß. Einige Gleichaltrige wurden eben mit Flügeln geboren – wie diese Bürgerkinder, denen von Geburt an Puderzucker in den Hintern geblasen wurde. Sie waren egoistisch, weinerlich, verwöhnt und konsumgeil. Sie lebten in ihrer Welt der Sorglosigkeit und des Überflusses. Ihre einzige Angst bestand darin, nicht mehr den Wohlstand ihrer Eltern erreichen zu können.

Selbst die bunten Kleider der Zwillinge, viele von wohltätigen Menschen gespendet, erschienen in diesem Umfeld merkwürdig farblos. Mia fand jedoch, dass eine große Last von einem abfallen würde, wenn man sich nicht mehr fragte, was andere von einem denken würden. Die Inszenierung von Coolness und Stärke, die andere zum Gebot erhoben, fiel einfach weg.

Im Bermuda-Dreieck standen sie vor einer angesagten Nobel-Disco der Reichen und Schönen. Die Gäste trugen Goldkettchen und teure Sneakers an den Füßen. Strenge Türsteher achteten auf angemessene Garderobe, den „Dresscode". „Wir machen nicht Party, wir eskalieren!", lautete das Motto der bizarren Feste. Natürlich gehörten zum Spaß auch Drogen.

Die sechs beobachteten stumm das Geschehen. Ein Mann stolperte aus dem Lokal und kotzte auf den Asphalt. Die Umstehenden applaudierten heftig.

Am Schwedenplatz erzählte Max vom Schicksal des jungen Profiboxers Frankie Campbell. Er war in San Francisco bei einem Kampf mit Max Baer ums Leben gekommen.

„Eine irre Geschichte, Campbell hing schon bewusstlos in den Seilen, als Baer auf ihn eindrosch, doch der Ringrichter brach nicht ab. Frankie Campbell starb mit 26 Jahren."

„Das kann jedem Boxer passieren", sagte Rolli. „Jeder kann totgeschlagen werden oder den Gegner totschlagen."

Die anderen stimmten zu. Max' Geschichte war noch nicht zu Ende: „Baer war verzweifelt und wollte mit dem Boxen aufhören. Er machte weiter und spendete die folgenden Kampfbörsen für die Kinder des Verstorbenen und dessen Frau."

Der Donaukanal war heute wieder Partymeile der Nachtschwärmer. Technorhythmen wummerten durch die Nacht. Max war nicht nach Party zumute, denn der Kampf mit dem Tiger verfolgte ihn in jeder Stunde des Tages. Er war total fokussiert auf den 10. August und wollte eigentlich alle Ablenkungen ausschalten, doch die Clique hatte ihn zu diesem Ausflug überredet, da die Arena heute ohnehin geschlossen war.

In fünf Tagen war Showtime angesagt, dann hieß es „Ring frei!" zur ersten Runde.

Das Dinner-Boxen im Hotel InterContinental galt als gesellschaftliches Ereignis und wurde auf einem TV-Sportkanal live übertragen. Die geladenen Gäste schlugen am Buffet zu, bevor sie zusahen, wie sich die Boxerinnen und Boxer gegenseitig vermöbelten. In den ersten Reihen drängelten sich Promis in edlen Slim-fit-Anzügen mit Smoking-Fliegen und dicken Rolex-Uhren an den Handgelenken. Leicht bekleidete Damen sorgten zwischen den Kämpfen für optische Höhepunkte im Ring.

Der Gegner von Max schien ein ebenso wütender und hungriger Underdog zu sein wie er. Einer, der den Drang nach oben hatte. Er wollte dieses überlegene Grinsen im Gesicht dieses Muskelprotzes auslöschen. Mitunter sprang Max vom Laptop auf und boxte wild in die Luft. Er pendelte mit dem Oberkörper, fintierte, jabte, wich den Geraden eines imaginären Gegners aus, tauchte unter ihnen hindurch und feuerte seine Schläge in hoher Frequenz ab. Er brachte den Sandsack mit gekonnten Links-Rechts-Kombinationen zum Schwingen und bearbeitete die Boxbirne, die ihm half, Tempo und Rhythmus zu finden.

Verlieren war verboten – sonst wäre er auch für Charly raus aus dem Rennen. Die Freunde beneideten Max, weil er ein klares Ziel vor Augen hatte. „Wir zählen auf dich, du stehst für uns", meinte Rolli. Max wusste, er durfte sie nicht enttäuschen. Es ging nicht allein um ihn. Es ging auch um die Menschen, die ihm etwas bedeuteten. Mit seiner ersten Kampfbörse wollte er die Clique in die Pizzeria einladen. So mit Kerzenlicht und Italo-Sound.

Leider bekam es Max jetzt mit einem neuen Gegner zu tun: Bei der Beschwerdestelle von Wiener Wohnen meldete sich ein erboster Nachbar aus dem Stockwerk darunter, der das Rattatat, Rattatat der Boxbirne, die dumpfen Schläge gegen den Sandsack und Kims Rapper-Exzesse nicht länger hinnehmen wollte.

Herr Schafranek drohte mit der Polizei. Dabei sorgte er selber für unzumutbare Lärmbelästigung. Sein Sohn lernte Violine, und das hörte sich an wie der Mord an einer siebenköpfigen Katzenfamilie.

Max' Mutter versetzte der Boxbirne den finalen K.-o.-Schlag und zwang ihn, die Lärmquelle zu beseitigen. Die Pribils konnten es sich nicht leisten, auf eine neuerliche Delogierung zuzusteuern.

Max und Kim vertrauten ihren Freunden an, dass sie in Sorge um die Mutter waren. Kein Lachen, nur ein leerer Blick, wenn sie kam und ging. Sie war verzweifelt bemüht, die Armut einigermaßen zu glätten und zu kaschieren, damit die Kinder sie nicht ständig spürten.

Sie wirkte erschöpft, nervös und ausgebrannt, die kleinsten Verrichtungen gingen ihr schwer von der Hand. Abgekämpft saß sie nach der Arbeit da.

„Ihr treibt es noch so weit, dass wir irgendwann unter der Brücke schlafen müssen", hatte sie unlängst kraftlos gemeint.

Runde 5

NOTWEHR

Sarah Pribil hatte einen neuen Job als Kundenberaterin einer Bank. Das Klima in der früheren Großhandelsfirma war kaum mehr zu ertragen gewesen. Ein tyrannischer Vorgesetzter, der sich jungen Mitarbeiterinnen näherte wie ein Bär dem Honigtopf, unter den Frauen Sticheleien und der penetrante Geruch nach Chanel No.5.

Bei der Verabschiedung hatte sie ihrem Chef ein Körbchen voller Cherrytomaten und Snack-Gurken überreicht: „Weil Sie junges Gemüse so gernhaben!"

Nun flüchtete sie sich ganz bewusst in Arbeit, um den Jammer, die Verzweiflung von sich fernzuhalten. Sie fühlte sich als Verliererin in einer Gesellschaft, die vom Erfolg besessen war.

Sarah wurde von einem Gedanken beherrscht: „Du musst es schaffen!" Beim Diskonter nahm sie oft Wurst, Obst oder Schokolade wieder aus dem Einkaufswagen und legte sie zurück ins Regal, weil ihr auf dem Weg zur Kasse einfiel, dass es sich nicht ausgehen würde. Mindesthaltbarkeitsdatum war jetzt kein Thema mehr. Es war auch schlicht billiger, sich ungesund zu ernähren und so gab es Erdäpfel mit Kräutersalz, dann wieder Nudeln oder Reis mit Erbsen und Tomatensauce aus der Dose. Kostete wenig und machte satt.

Im Sozialmarkt wollte sie nicht mit Menschen in einer Reihe

stehen, denen sie noch vor einem Jahr in der Fußgängerzone ein paar Cent zugesteckt hatte. Es war auch ein Kampf um Würde. Arm zu sein galt als Makel. Es wurde oft den Armen angelastet, arm zu sein. Die Schuldnerberatung konnte sie überzeugen, einen Antrag auf Privatkonkurs zu stellen. Sie hatte lange gezögert, war überzeugt gewesen, alles aus eigener Kraft stemmen zu können. Wenigstens war sie nun den Druck der Verschuldung los. Der Arzt hatte ihr letztes Mal gesagt, dass er sie eigentlich krankschreiben müsste. Weil sie vor lauter Verpflichtungen gar nicht mehr gewusst hatte, wie sie mit Warnsignalen ihres Körpers umgehen sollte.

Oft schweiften ihre Gedanken in die Vergangenheit und ihr Blick verlor sich in einer fernen Erinnerung. Sie hatte hochfliegende Pläne gehabt und mit großer Disziplin auf ihr Ziel, den Master in Marketing-Management, hingearbeitet. Sie wollte ein Jahr in Berkeley, Kalifornien, studieren und hatte das Stipendium bereits in der Tasche. Aber es kam etwas dazwischen: die Liebe, das unordentliche Gefühl, dieses Gegenteil von Disziplin.

Alles hatte mit einem Getümmel in der U-Bahn-Station Karlsplatz begonnen. Ein unbeabsichtigter Rempler, ihr Handy war zu Boden gefallen und das Display hatte sich in ein Spinnennetz verwandelt. Der junge Mann hatte sich sofort bereiterklärt, den Schaden zu ersetzen. Oliver besaß die Selbstsicherheit und das Draufgängertum, auf die es ankam, wenn einer der perfekte Verführer sein wollte. Er war hin und weg von der temperamentvollen jungen Frau. Gleich nach dem ersten Treffen verriet er einem Freund: „Die isses!“

Auch über kurze Entfernungen schickten sie sich eifrig SMS wie verliebte Teenager.

Sie heirateten. Es sah nach einem Leben aus dem Bilderbuch aus. Da war tief in ihrer Seele die Gewissheit, dass dieser Mann zu ihr gehörte. Doch irgendwann bekam ihre kleine Welt Sprünge, sie konnte nicht genau sagen, wann. Vorerst lebten sie in Saus und Braus. „Das Wichtigste im Leben ist, die eigenen Träume zu verwirklichen", lautete Olivers Überzeugung: schicke Wohnung, tolles Auto, teures Motorrad – vieles auf Pump.

Es kam zu Auseinandersetzungen wegen seines lockeren Umgangs mit den gemeinsamen Finanzen und den Schulden, denen er immer aus dem Weg ging, Gespräche wurden viel zu lange aufgeschoben. Und irgendwann war die Situation außer Kontrolle geraten.

Dann kam dieser Tag, der „alles" verändern sollte, nach dem „nichts mehr so war wie noch kurz zuvor". Sarah wurde geweckt, weil es an der Tür klingelte. Blaulicht flackerte durch die Fenster, vor dem Wohnhaus stand ein Polizist. Ihr Mann sei mit dem Motorrad verunglückt, mehr wisse man nicht, er sei ins AKH gebracht worden.

Sarah erinnerte sich noch an das Schild „Vorsicht, Rutschgefahr!" auf dem Gang zur Notfallambulanz. „Frau Pribil?", fragte ein Arzt mit versteinerter Miene. Er zuckte resigniert mit den Schultern. „Wir haben leider nichts mehr für ihn tun können."

Es war, als würde ihr der Boden unter den Füßen weggezogen werden. Eine Krankenschwester bot ihr eine Beruhigungstablette an.

Sie wollte zu ihm, ihn berühren, sein Körper war noch warm. Er war zu schnell gefahren, seine Leidenschaft für sein Motorrad hatte ihr schon immer Angst gemacht. Am Abend war das Wetter umgeschlagen und mit der Dämmerung waren Schneewolken aufgezogen.

Der Unfallort befand sich nicht weit vom Krankenhaus entfernt. Wie eine Zuckerschicht bedeckte frisch gefallener Schnee das Motocross-Bike. So wurde das verschneite Motorrad mit der verbogenen Lenkstange zum Symbol des Schreckens und der erloschenen Träume.

Als sie wenige Tage später mit den Kindern die Unfallstelle aufsuchte, hatte Kim das Rücklicht im Rasen gefunden.

Wenn Sarah über den Unfall redete, dann war es, als spräche sie von einer anderen Person, als wäre sie nur eine Beobachterin ihrer selbst. Als hätte sie noch gar nicht begriffen, was an jenem 18. November passiert war.

Mitunter besuchte sie mit den Kindern das Grab am Hernalser Friedhof. Manchmal dachte sie, dass er ein verdammter, verantwortungsloser Idiot gewesen war. Sie saß nun allein da, mit den Kindern und dem wirtschaftlichen Desaster. Sein Leben hatte aufgehört, aber ihres ging weiter.

Es war bereits kurz vor Mitternacht, als sich Max auf den Heimweg machte. Nach dem Training und dem Saubermachen war er so erschöpft, dass es ihm Mühe bereitet hatte, seine Kleider aus dem Spind zu nehmen.

Er hatte mit Charly zusätzliche Zeit mit dem Video-Studium

seines Gegners verbracht und einige neue Erkenntnisse gewonnen. Wenn der Tiger seine Rechte schlug, vernachlässigte er sträflich seine linke Deckung. Das würde ihm Gelegenheit bieten, ihn mit Jabs, seinen abrupt geschlagenen Geraden, einzudecken.

Alles lief nach Plan, Max war voller Zuversicht. Beim Sparring hatte er seinen Partner schlecht aussehen lassen. Es hatte Lob von Charly gegeben. Der Titel des Junioren-Landesmeisters war zum Greifen nahe. Es war ein wichtiger Schritt auf dem Weg zum Profigeschäft.

Max sah sich schon im gleißenden Scheinwerferlicht des New Yorker Madison Square Garden, dem Mekka des Boxsports, wo einst Boxlegenden wie Muhammed Ali und Joe Frazier gekämpft hatten. Zum großen Showdown erklang die Einlaufhymne mit wummernden Bässen, Kunstnebel waberte, eine Lasershow hielt das Publikum in Atem. Die Stimmung war euphorisch. Dann Blitzlichtgewitter, als sich der Boxer im roten Seidenmantel näherte. Die Ordner hatten Mühe, ihm den Weg zum Ring zu bahnen. Die Stimme des Moderators überschlug sich: „Here comes the One and Only … Maaaaaax …"

Er wurde jäh aus seinen Gedanken gerissen, als er in einer Seitengasse plötzlich zwei kräftigen Jugendlichen gegenüberstand. Sie trugen Muskelshirts, ihre Gesichter versprachen Ärger.

„Kleiner, dein Handy!"

„Mein Handy? Wie-wieso?", stammelte Max. Schlagartig wurde ihm bewusst, dass er soeben drauf und dran war, seinen einzigen und wertvollsten Besitz zu verlieren. Die Übermacht war erdrückend, aber er erkannte blitzschnell seine Chance und ließ die Trainingstasche fallen. Der Größere versetzte ihm einen Stoß.

„Frag nicht so blöd. Her damit!“

An seiner schwarzen Basecap prangte ein Totenkopf-Sticker. Max fand, dass seine ungedeckte Kinnpartie äußerst einladend wirkte. Durch den Stoß befand er sich außerdem auf Schlagdistanz. Blitzschnell landete er einen seiner gefürchteten linken Aufwärtshaken, der Kopf des Aggressors flog zurück, die Kappe fiel zu Boden. Gleichzeitig knallte er dem zweiten eine in die Magengrube. Es war eine Uppercut-Rechts-Kombination, die Charly entzückt hätte!

Der Größere wirkte völlig hilflos, taumelte wie ein Betrunkener und gab einige gurgelnde Laute von sich. Wahrscheinlich war es der wuchtigste Aufwärtshaken, den er je abgefeuert hatte. Der andere krümmte sich und ging mit einem Ächzen zu Boden. Jeder Ringrichter hätte sofort auf unzulässigen Schlag unter die Gürtellinie entschieden, doch im konkreten Fall durfte man das Regelwerk nicht zu eng auslegen, da ein eindeutiger Fall von Notwehr vorlag.

„Immer auf die Deckung achten“, dachte Max, griff nach seiner Tasche und machte sich ohne Eile davon. Aus den Augenwinkeln sah er, dass die beiden keine Anstalten trafen, die Verfolgung aufzunehmen. Wahrscheinlich standen sie unter Schock. Ein alter Mann, der seinen Hund Gassi führte, starrte Max an wie ein Gespenst und wich angstvoll zur Seite.

Die Finger seiner linken Hand kribbelten. „Freunde, was habt ihr euch dabei gedacht?", fuhr es Max durch den Kopf. „Ich habe nichts – und nun hätte ich auch noch mein Handy hergeben sollen?" Sicher, der Haken war einen Tick zu heftig gewesen. Aber er hatte in ihn seine ganze Wut gelegt.

Das Geräusch dieses Schlages gegen das Kinn, dieses Splittern und Krachen, hallte durch seinen Kopf. Es hallte nach, als er sich zu Hause unruhig von einer Seite auf die andere wälzte und nicht einschlafen konnte. Immer wieder tastete er über die Finger der linken Hand. Der Mittelfinger war angeschwollen.

Warum nur waren diese Idioten ausgerechnet an ihn geraten? Wo sie doch vor allem die Kids aus gutem Hause in den besseren Vierteln abzockten: Handys, Turnschuhe, Geld und Skateboards.

Die Jugendgangs überfielen sie bei den Parcours aus Rampen und Schanzen, wo sie ihre Tricks probierten. Sie lebten nach den Gesetzen der Straße und es kotzte sie an, arm zu sein: „Wenn wir die reichen Kids abziehen, haben sie am nächsten Tag schon wieder neue Turnschuhe und Handys", lautete ihre Überzeugung. Sie sammelten Einträge in die Polizeiakte wie andere Bonuspunkte an der Supermarktkasse. Die Beute wurde im Prater oder in Fast-Food-Restaurants ausgegeben.

Die Schwellung der Hand hatte über Nacht zugenommen, auch die Schmerzen. Der Mittelfinger war beim Knöchel grün und blau angelaufen, die Beweglichkeit der Finger war eingeschränkt. Beim Joggen quälte ihn der Gedanke, dass er sich ernsthaft verletzt haben könnte und der Kampf mit dem Tiger gefährdet war.

Zu Hause verlief die Suche bei NetDoktor erfolgreich:

„Geprellte Finger kühlen, schonen, Wickel mit essigsaurer Tonerde haben abschwellenden Effekt."

„Sieht schlimm aus", sagte Kim.

„Ist es auch."

„Hast du jemanden ausgeknockt?"

„Kann man so sagen. Gleich in Runde eins."

Max erzählte von dem nächtlichen Überfall. Von dem linken Aufwärtshaken.

„So wie deine Hand aussieht, muss der andere mindestens eine Kieferfraktur und sieben Zähne weniger haben."

„Glaub ich auch."

Kim prahlte bei jeder Gelegenheit mit ihrem medizinischen Wissen, das sie sich aus unzähligen Arztserien angeeignet hatte.

„Nach einer Kiefer-OP liegt man für gewöhnlich eine Woche im Krankenhaus. Jedenfalls hast du jetzt die Polizei am Hals, großer Bruder."

„Weiß ich. Das Krankenhaus macht eine Anzeige, wenn der Idiot dort auftaucht."

Plötzlich war es mit seiner Beherrschung vorbei und er schrie: „Hättest du dein Handy hergegeben? Es war ein Reflex. Sein Kinn war ein offenes Ziel. Ein Boxer folgt seinem Instinkt."

„Du hättest wegrennen können."

„Die zwei standen vor mir, hinter mir die Hauswand."

„Gibt es dort Überwachungskameras?"

„Keine Ahnung."

„Eine Bankfiliale oder was Ähnliches?"

„Glaub ich nicht."

Für einen Moment wirkte er nicht wie der harte Kerl. Kim sah die Tränen auf seiner Wange und legte ihm eine Hand auf die Schulter.

„Was willst du jetzt machen? Mit der Hand kannst du unmöglich boxen."

„Ich muss aber. Ich hol mir was aus der Apotheke."

„Das ist rausgeschmissenes Geld. Ich sage dir, dass der Mittelhandknochen gebrochen ist. Du gehörst zum Unfallchirurgen."

„Kannst du mir fünf Euro borgen?"

„Scheiße, es ist sinnlos. Du gehst mir auf die Nerven." Kim kramte in ihrer Jacke und holte vier Euro hervor. „Pass nur auf, dass dich die Typen nicht finden, großer Bruder!"

In der Apotheke verlangte Max ein Mittel gegen die Schwellung und Schmerztabletten, aber beides zusammen dürfe nicht mehr als zwölf Euro kosten. Die freundliche Dame meinte, er müsse sich das unbedingt anschauen lassen.

In Max' Kopf war ständig dieses „Ich muss, ich muss, ich muss!". Wenn er mit den Handschuhen gegen den Boxsack schlug, zuckte ein Schmerz durch seinen linken Arm, als würde er von Nadeln durchbohrt.

Doch er wollte mit dem lädierten Finger durchhalten, zwei Schmerztabletten vor dem Kampf würden genügen. Der Ungar Laszlo Papp, der beste Mittelgewichtsboxer aller Zeiten, hatte einst sieben Runden mit einer gebrochenen Hand durchgehalten und gewonnen. Er konnte nur hoffen, dass die Schwellung zurückging.

Zum ersten Mal plagten Max Zweifel, ob der eingeschlagene

Weg, seine Leidenschaft fürs Boxen, richtig war. Was, wenn Charly ihn fallen ließ? Er hatte dem Trainer immer blind vertraut. Zu ihm aufgeblickt wie zu einem Vater. Aber sicher war Charly nicht anders als viele Manager, die einem Boxer eine Karriere als Profi versprachen und ihn bei nächstbester Gelegenheit fallen ließen wie eine heiße Kartoffel.

Herr Schebesta hatte ihn schon zum wiederholten Mal vor diesem „Sport" gewarnt.

Im Profiboxen werde oft betrogen. Siege und Niederlagen wurden hinter den Kulissen ausgehandelt, bestochene Ringrichter manipulierten Urteile. Oft verschmolzen Sport und Unterwelt miteinander.

Max dachte an Muhammed Ali, der den WM-Fight gegen Sunny Liston fast verloren hätte, weil er ab der 5. Runde nichts mehr sehen konnte. Die Boxhandschuhe seines Gegners waren mit einer Substanz präpariert, die in den Augen des Gegners brannte.

Dieses Splittern und Krachen ging ihm nicht aus dem Kopf. Im Box-Studio war seine Linke, die angeblich einen Autobus erschüttern konnte, sprichwörtlich. Wie schwer hatte er den Burschen mit der Totenkopfmütze verletzt? Immer wieder dachte er an den jungen Boxer Frankie Campbell.

Runde 6

IM RINGSTAUB

Max begann das Abschlusstraining mit dem üblichen Aufwärmprogramm: Liegestütze, Sit-ups, Seilspringen. Schneller und schneller surrte das Seil in der Luft.

„Hi Max, mach ihn platt!", rief ihm Ahmed zu. Dieser Hüne verdiente sein Geld als Security in einem Nachtclub. Charly wollte ihn im Schwergewicht groß herausbringen. Er hatte mehrere Gürtel gewonnen und stand kurz vor der Qualifikation für Olympia.

„Schnapp ihn dir!", sagte Ingo und boxte ihm gönnerhaft in die Seite, als er auf dem Laufband Tempo machte. Ingo war bereits 35, träumte aber immer noch von der großen Karriere. Der Box-Opa war jahrelang nur gegen zweit- und drittklassige Gegner angetreten, ein Mann fürs Vorprogramm.

Als Max zur Wasserflasche griff, beobachtete er „Iron Mike" Michael, den Mann mit dem Dachschaden, wie er in der Arena hieß. Mehrere wuchtige Kopftreffer hatten sein Hirn geschädigt, sein Erinnerungsvermögen war schwer getrübt. Mike durfte nicht mehr in den Ring steigen. Nur trainieren, und das tat er wie ein Besessener. Er lebte schon seit Jahren in der Einbildung, unmittelbar vor einem großen Entscheidungskampf zu stehen.

Dann kam der Moment der Wahrheit. Drei Runden Sparring

mit Murat, einem Linksausleger wie der Tiger, der einen ähnlichen Stil boxte. Max' Knie begannen zu zittern.

„Hände!", befahl Charly.

Wie vor jedem Sparring wollte Charly Max' Hände bandagieren. Als er die Mullbinde auflegte, wurden seine Blicke plötzlich starr. „Was soll das?", stieß er hervor.

Die Schwellung war überdeutlich und Kims Schminke reichte anscheinend nicht aus, die grün und blau gefärbte Hand zu neutralisieren.

„Es ist nicht so …"

„Du hast dich geprügelt," unterbrach ihn Charly.

„Trainer, es ist nicht so, wie Sie denken, ich …"

„Du gehörst nicht in den Ring, du gehörst zum Arzt. Ich werde den Kampf absagen."

„Aber …" Seine Stimme brach, er musste kurz innehalten, schluckte, fing sich wieder.

„Da waren zwei Typen, die wollten …"

„Ich will nichts hören!", schrie Charly. „Ich habe dir die Chance auf einen Titel ermöglicht und du lässt mich hängen. Dir fehlt es an Disziplin. Aus dir wird nichts. Auf Wiedersehen!"

Charly wandte sich ab und ließ ihn vor dem Ring stehen. Der Sparringspartner blickte Max verdutzt an.

Max war bewusst, dass er gerade aus einem Traum mit großer Wucht herausgeschleudert worden war. Er fühlte sich als Verlierer, für den von heute auf morgen der entsetzlichste Satz hieß: „Das Leben geht weiter."

„Nein", wollte er schreien, „es darf nicht weitergehen!"

In ihm war absolute Leere. Er lag apathisch im Bett und reagierte gereizt, wenn man ihn ansprach. Normalerweise griff er um 5 Uhr das erste Mal zum Handy, um den Wecker abzudrehen.

„Gehst du nicht joggen?“, fragte ihn seine Mutter.

„Heute nicht.“

Sie blickte ihn mit dem Ausdruck aufrichtiger Besorgnis an. Max versteckte die linke Hand unter der Bettdecke.

„Bist du okay?“

„Lass mich in Ruhe!“

Er lag bis Mittag im Bett, wusste nicht, wozu er aufstehen sollte. Zu den Schmerzen in der Hand kam nun ein Taubheitsgefühl.

Am nächsten Tag schrie ihn Kim an: „Vertschüss dich zum Onkel Doc und hör auf mit deinem verdammten Selbstmitleid!“

Der Mittelhandknochen war tatsächlich gebrochen. Kims Diagnose hatte sich als richtig erwiesen. Der Arzt wollte wissen, wie es passiert sei. Er sei unvorsichtig gewesen, der Deckel des Kofferraumes. Die Hand wurde mit einer Gipsschiene ruhiggestellt. Mit vier Wochen sei zu rechnen …

Wieder zu Hause, hatte Max so gegen die Wand getreten, dass er sich fast einen weiteren Bruch zugezogen hätte. Zu allem Unglück setzte das Geigengewinsel im Stockwerk darunter ein.

Die Sonne schien, er stand am Fenster, träge schoben sich Straßenbahnen vorbei. Ging ihm das alles noch etwas an? Tränen liefen ihm über die Wangen. Er sah aus wie einer, aus dem alle Kraft gewichen war. Es war, als schwebte er durch den Weltraum und hätte den Kontakt zur Raumstation verloren.

Max sah fern, aber er schaute nicht hin. In seinem Kopf liefen stärkere Bilder, düstere Bilder. Es war wie ein schwarzer Wirbel, der ihn nach unten ziehen wollte. Immer wieder ging er in Gedanken die Stunden dieser verhängnisvollen Nacht durch. Soeben noch im Ring des New Yorker Madison Square Garden, war er in der harten Realität unsanft gelandet. Er hatte an diesem Abend auch sämtliche Toiletten und Umkleideräume putzen müssen, da eine Reinigungskraft ausgefallen war. Ohne diese zusätzliche Arbeit wäre er viel früher auf dem Heimweg gewesen und dann …

Hatte ihn Charly gefeuert oder bloß nach Hause geschickt, weil er mit ihm nichts anfangen konnte, solange er verletzt war? Würde der Arena-Sponsor Probleme machen? Würde er vielleicht sogar seine Kämpferlizenz verlieren? Fragen in einer Endlosschleife, die ihn quälten.

Der Boxsack hing von der Decke wie ein Fremdkörper, der mit ihm nichts mehr zu tun hatte. Max empfand ihn als Eindringling, als ungebetenen Gast, der kurz vor dem Rausschmiss stand.

Da er seine Aggressionen nun nicht mehr am Sandsack abbauen konnte, spielte er „Chicken Invaders“ und schoss am Computer unzählige Hühner ab, was einem beispiellosen Massaker gleichkam.

Sein einziger Trost war, dass ihn nicht ein übermächtiger Gegner zu Boden gestreckt hatte, sondern eine Laune des Schicksals. Was sollte er jetzt machen? Es gab keinen Plan B in seinem Leben. Er hatte für einen Traum gelebt. 30 Sekunden hatten genügt, um ihn zu zerstören.

Die Tatsachen ließen sich vor seiner Mutter nicht länger verheimlichen. Sie bedauerte ihn, war aber insgeheim erleichtert. Sie hatte für die Boxleidenschaft ihres Sohnes nie etwas übriggehabt. In ihren Augen waren das Fantastereien, die Max vom Lernen abhielten. Die Initiative war allein von ihrem verstorbenen Mann ausgegangen. Ein einziges Mal hatte sie sich überreden lassen, bei einem Kampf von Max dabei zu sein. Damals hatte sie sich auf der Toilette versteckt, weil sie nicht zusehen konnte, wie ihr Kind geschlagen wurde.

Mit zusammengebissenen Zähnen zerrte Max an seinem Halskettchen, bis es riss und der kleine goldene Handschuh unter dem Kasten verschwand.

„Charly hat mich rausgeschmissen", schluchzte Max. „Es ist aus, vorbei, die ganze Mühe war umsonst."

Herr Schebesta blickte ihn ungläubig an. Max erzählte von den weichgeprügelten Handy-Räubern und von seinem Arztbesuch. Der große Traum vom Champ – geplatzt!

„Der Trainer wird dich nicht fallenlassen, er glaubt an dich. Er wird sich wieder melden."

„Da kennen Sie Charly schlecht. Er hat schon viele talentierte Leute rausgeworfen. Ich hätte den Kampf gewonnen. Ich hätte ihn mit meinem linken Haken auf die Bretter geschickt."

„Das weiß ich", tröstete ihn Herr Schebesta und schenkte ihm einen mitfühlenden Blick.

„Es wäre besser gewesen, ich hätte mein Handy hergegeben. Dann könnte ich nächste Woche um den Titel kämpfen."

Kim hatte ihn aus dem Bett geworfen und gezwungen, mit ihr in die Bibliothek zu kommen, wo er sich als totaler Loser gefühlt hatte.

Herr Schebesta machte einen tiefen, gequälten Atemzug: „Viel zu schade, dass sich ein kluger Bursche wie du die Birne weichklopfen lässt."

Der alte Herr bewunderte Max' Verstand, gepaart mit enormer Willenskraft. Mit Engelszungen versuchte er ein weiteres Mal, ihm das Boxen auszureden: Der Boxsport habe nicht mehr den Stellenwert von früher. Aus der Sportberichterstattung war er ohnehin bereits so gut wie verschwunden. Nur mehr Fußball, Tennis und Formel 1. Er müsse schließlich auch an seine Gesundheit denken, erklärte er mit fast therapeutischer Behutsamkeit.

Tausende Kopftreffer hatten mit dazu beigetragen, dass sich Muhammed Ali mit 42 in ein Schattenwesen verwandelt hatte.

„Du setzt deine Energie nicht sinnvoll ein", sagte er. „Du stehst im Ring und in der anderen Ecke wartet ein Bursche, dem es ähnlich geht wie dir. Und dann verprügelt ihr euch gegenseitig. Ihr solltet etwas tun, damit sich euer Leben verändert."

Herr Schebesta hatte schon früh gelernt, sich nicht zur Seite drängen zu lassen und die Ellbogen auszufahren. Als Vertrauensmann der Gewerkschaft hatte er sich ehrenamtlich für seine Kolleginnen und Kollegen bei den Wiener Linien engagiert. Der Motor seines Handelns war der Kampf um soziale Gerechtigkeit.

„Ihr müsst etwas unternehmen. Wenn ihr euch immer nur beklagt, wie schlecht es euch geht, wird sich nie etwas ändern."

„Aber auf uns hört doch niemand."

„Doch. Man wird auf euch hören."

„Was sollen wir tun?"

„Ihr müsst einfach auf euch aufmerksam machen. Es gibt doch heute ständig irgendwelche Demonstrationen von jungen Menschen: für das Klima, gegen neue Straßen. Ihr müsst euch vereinen, zusammenschließen. Zusammen seid ihr stark, eine Macht!"

Er sprach von einer Gemeinschaft ähnlich der Gewerkschaft, die für ihn Zusammenhalt bedeutete. Herr Schebesta hatte ein Leben lang stets an seinen Überzeugungen festgehalten. Alles andere wäre für ihn ein verpasstes Leben gewesen.

„Du solltest das strategisch angehen, wie ein echter Champ", sagte er und seine Augen funkelten kämpferisch durch die Brillengläser. „Du musst deinen Gegner studieren und dich taktisch gut vorbereiten. Dann provozierst du ihn und lockst ihn aus seiner Ecke. Zeig ihm deine Stärke: Du hast Tausende hinter dir. Der Gegner ist dir scheinbar klar überlegen. Du musst seine Schwächen erkennen und blitzschnell zuschlagen."

Max versprach, sich die Sache durch den Kopf gehen zu lassen und mit seinen Freunden zu sprechen. Er erzählte von dem Faustschlag und dem Geräusch, das ihn nicht zur Ruhe kommen ließ. Dieses Splittern und Krachen. Es verfolgte ihn bis in die Träume.

Herr Schebesta wirkte plötzlich irgendwie verändert. Abwesend starrte er ins Leere. Auch in seinem Leben gab es dieses eine Geräusch, das ihn seit mehr als 30 Jahren nicht zur Ruhe kommen ließ. Es hatte mit seinem Beruf als U-Bahn-Fahrer zu tun.

Er war bereit, seine Geschichte zu erzählen, auch wenn es ihm sichtlich schwerfiel. Er sprach mit leiser, ausdrucksloser Stimme. Oft verlor er sich in seinen Sätzen.

„Es geschah an einem Tag im August, der alles in meinem Leben verändert hat. Damals fuhr ich eine Garnitur der Linie U1. Es war 7 Uhr morgens und es waren gerade wenige Sekunden nach der Abfahrt aus einer Station vergangen. Ich lehnte mich in meinem Sitz zurück und ließ den Zug rollen. Nach dem Überqueren der Donau fuhr ich in eine Station mit einem besonders langen Bahnsteig ein. Dort warteten bloß drei Leute."

Herr Schebesta erzählte das, als wäre es ein Film. Er hatte diesen Film schon zu oft gesehen. „Und dann stand da dieser Mann mit dem roten T-Shirt, vielleicht 40 Meter vor mir. Eine gebeugte Gestalt, die einige Schritte auf den einfahrenden Zug zumachte. Noch 20 Meter, plötzlich wusste ich, dass mit dem was nicht stimmte."

Der Mann war vielleicht noch zehn Meter entfernt, als er in das Gleisbett sprang.

„Ich dachte ‚Nein, nein, nein' und ‚Scheiße' und bremste, was das Zeug hielt. Ich wusste, gleich geschieht es, aber ich konnte es nicht verhindern. Dann gab es einen Knall. Diesen Knall werde ich in meinem Leben nie mehr vergessen."

Der Knall war in der ganzen Garnitur zu hören, der Körper des Mannes krachte noch ein paarmal gegen den Unterboden der Waggons. Später hieß es im Polizeibericht, den Einsatzkräften habe sich auf 50 Meter Länge ein schreckliches Bild geboten.

„Was dachten Sie damals über den Mann?"

„Am Anfang waren da nur Wut und Hass. Warum gerade ich? Warum muss mich der Kerl in seine Probleme mit reinziehen? Warum tut er mir das an."

Am nächsten Tag stand in der Zeitung, ein Mann sei beim Telefonieren in das Gleisbett gefallen. Die Polizei vertuschte den wahren Ablauf. Man fürchtete Nachahmungstäter.

Herr Schebesta sprach nun schneller, ungehemmter, als suchte er über die Worte die Befreiung von einer Last.

„Ich weiß, dass ich nicht schuld am Tod dieses Menschen bin, er wollte ja unbedingt sterben. Aber im nächsten Moment denke ich doch: Ich habe jemanden getötet."

Nachts sah er in seinen Träumen immer wieder diesen Film, hörte diesen Knall und wurde die Bilder von den Leichenteilen nicht mehr los. Er hatte Herzrasen und Schweißausbrüche, war permanent angespannt. Schließlich musste er psychologische Hilfe in Anspruch nehmen. Er bekam den gutgemeinten Rat, die Erinnerung an den Vorfall in eine Kammer zu bannen und abzuschließen. Herr Schebesta fühlte sich unschuldig. Aber diese Überzeugung half nicht gegen die Albträume und Depressionen, zu denen ihn sein eigenes Schuldgefühl verurteilt hatte.

Nach diesem Tag fuhr die Angst mit, dass jederzeit wieder ein Unfall passieren könnte. Dieser Tag im August war für ihn niemals zu Ende gegangen. Sein gerötetes Gesicht und das Zittern seiner Hände verrieten seinen inneren Aufruhr.

„Ich bin mehr als einmal im Leben am Boden gewesen, aber immer wieder aufgestanden. Weil es für mich nichts anderes gab, als aufzustehen und weiterzumachen. Für meine Frau, für meine Kinder. Wenn dir das Leben ins Gesicht boxt, darfst du nicht die andere Wange hinhalten.“

Es war spät geworden. Am Gürtel waren nur mehr wenige Autos unterwegs. Plötzlich war es in Schebestas kleiner Wohnung so still, dass das Ticken der Wanduhr beinahe unerträglich wurde. Dann verließ eine U-Bahn die nahe Station und Herr Schebesta lauschte ihr nach wie einer vertrauten Stimme. Es war diese Stimme, die in ihm Monster wecken konnte.

Runde 7

EINTRITTSKARTE FÜRS LEBEN

Sarah Pribil wollte sich nicht eingestehen, dass sie Raubbau an sich selbst betrieb, sie wehrte sich gegen ihre Erschöpfung, bis sie nicht mehr konnte. Sie litt still vor sich hin. Ärzte rieten zur Kur.

Sarah musste um Sozialhilfe ansuchen. Ein Schritt, den sie unter allen Umständen vermeiden hatte wollen. Sie hasste den Ämter- und Behördendschungel und dessen Formulare. Mindestsicherung, das waren doch die Verlierer, die Schmarotzer! Und da sollte sie nun dazugehören? Die Hemmschwelle, am Tropf des Staates zu hängen, war groß. Sie gehörte im Amtsdeutsch zu den „verschämten Armen".

Die Stimmung bei den Pribils erreichte einen Tiefpunkt, als eine Stromnachzahlung ins Haus flatterte. Schließlich raffte sich Sarah auf und es ging für vier Wochen zur Kur in die Steiermark. Zuvor kochte und brutzelte sie tagelang vor sich hin, um für die Kinder das Gefrierfach zu füllen.

Sie packte ein Buch ein: über Resilienz, darüber also, wie man in Krisen gelassen bleibt.

An einem öden Sommertage diskutierte die Bibliotheksclique am Lagerfeuer WLAN die Frage, was sie jetzt mit 50 Euro machen würde. Max erzählte von seinen Gesprächen mit Herrn Schebesta, von der Notwendigkeit, gegen Unrecht aufzustehen und zu kämpfen. Sam und die Zwillinge konnten damit wenig anfangen.

Rolli meinte, es wäre immerhin interessant zu wissen, mit wie vielen Kindern sie ihr Schicksal teilten.

Kim schlug vor, nach Artikeln zum Thema „Kinderarmut Österreich“ zu suchen. Unter den 477 000 Einträgen fanden sie Artikel zu Studien, Pressekonferenzen und Banketten. Sie lasen vom Recht der Kinder auf Bildung und Gesundheit, aber auch auf Freizeit, Spiel und Erholung und „Chancengleichheit“.

Die Politiker versprachen, nun endlich gegen die Kinderarmut aktiv vorgehen zu wollen. Die Zu-kurz-Gekommenen waren überzeugt, dass die Erwachsenen keine Ahnung hatten, wie sich ein armes, ausgegrenztes Kind tatsächlich fühlte.

„Nur die Erwachsenen reden ständig, die Betroffenen schweigen“, sagte Max. Er wollte seine Freunde überzeugen, dass sich die Betroffenen selber zu Wort melden mussten, das waren immerhin mehr als 370 000 Kinder in Armut, eine Macht. Briefe schreiben? An den Bundespräsidenten, den Bundeskanzler? Unterschriften sammeln? Davon versprachen sie sich nichts. Kim empörte sich über den Begriff „Armutsfalle“, schließlich waren sie keine Tiere.

Die Clique um Max war sich einig: Etwas musste noch in diesem langweiligen Sommer geschehen, vielleicht auch was Verrücktes! Etwas, das sie aus ihrer Situation herausriss. Aber was?

Sie sprachen über die Klimaschützer und die Freitags-Demonstrationen. Junge Leute wollten nicht mehr zusehen, wie ihre Zukunft verspielt wurde. Ein mutiges schwedisches Mädchen hatte mit ihrem Schulstreik eine Massenbewegung ausgelöst.

„Wir können nicht für die Zukunft lernen, wenn wir keine haben", lautete die Parole der Aktivisten von „Fridays for Future".

Schon am nächsten Tag war sich die Clique einig: Wenn es möglich war, eine breite Bewegung für das Klima auf die Beine zu stellen, so müsste man auch Kinder und Jugendliche in Armut gewinnen können, gegen ihr Schicksal aufzustehen.

„Sie behaupten, sie hätten keine Zukunft", meinte Rolli zu den Klimaaktivisten. „Wir aber haben nicht einmal eine Gegenwart."

Die Überhitzung des Planeten schritt voran, der Meeresspiegel stieg, die Gletscher schmolzen, das Plastik …

„Zugegeben, das betrifft uns auch", sagte Maja. „Aber darum sollen sich die verfickten Bürgersöhne und Bürgertöchter bemühen. Wir kümmern uns um unsere Gegenwart."

„Die Gletscher müssen warten", sagte Sam mit einem Grinsen. „Um die Eisbären kümmern wir uns später."

Die Bibliotheksclique interessierte sich für die Frage, wo und wann sich Kinder organisiert hatten, um gegen Unrecht aufzutreten. Kim gab „Kinderdemonstrationen" in die Maske einer Suchmaschine ein und war erstaunt über zahlreiche Treffer. „Kinderdemo für Ampel vor Schule", 2 500 Kinder demonstrierten in Frankfurt. Demo in Hamburg gegen Zeitmangel und Handy-Sucht der Eltern.

Sie lasen von den Hunderttausenden Schülerinnen und Schülern in den USA, die sich nach einem Schulmassaker zu einer Demonstration in Washington D.C. versammelt hatten. Die 19 Jahre alte Emma González hatte den Amoklauf an ihrer High School überlebt und forderte schärfere Waffengesetze.

In Bangladesch lehnten sich Jugendliche gegen die Kinderehen auf. In Brasilien demonstrierten Straßenkinder gegen die Armut und die Morde an ihren Kameraden. Max gefiel die Parole: „A vida pede passagem“ – Ich möchte eine Eintrittskarte fürs Leben! Und die Schüler von Soweto standen am Beginn der Proteste gegen das Apartheidregime Südafrikas.

Überall auf der Welt solidarisierten sich Kinder und Jugendliche und nahmen Einfluss auf die Entscheidungen von Erwachsenen. Ihr Wort schien immer mehr Gewicht zu bekommen. Die Freunde sahen auf Videos, wie Autofahrer in Deutschland geduldig warteten, bis eine Kinderdemonstration vorbeigezogen war und Polizisten den Zug absicherten.

„Das können wir auch!“, sagte Mia. „Den Verkehr lahmlegen, auf der Straße Macht spüren, statt ohnmächtig hier herumhängen.“

Sie fragten sich, wie so eine Demo gegen Kinderarmut aussehen könnte. Was da zu tun wäre. Sie versuchten, sich von der Gruppe „Fridays for Future Vienna“ etwas abzuschauen: Organisation, Mobilisierung, Pressearbeit, Social Media und Vernetzung. Sam recherchierte, wie man in Wien eine Demonstration bei der Polizei anmeldet.

Kim sah sich schon an der Spitze eines riesigen Demonstrationszuges über die Ringstraße schreiten und Parolen brüllen. Max wusste auch bereits einen Protest-Slogan, der wie die Faust aufs Auge passte: „Kinderarmut ist nicht gut: dafür kriegt ihr unsre Wut!“

Das war es, das ersehnte Abenteuer! Es diente einem höheren Zweck und kostete außerdem keinen Cent.

Einige Gleichaltrige folgten in Millionenscharen YouTubern, Gamern oder Beauty-Bloggerinnen. Das waren nicht die Wegweiser der Clique. Denn sie wollten Ungleichheit aufzeigen und Forderungen an die Politik stellen. So bildete sich auf der Freitreppe der Bücherei eine Art Think-Tank, der Einfluss auf politische Entscheidungen und die öffentliche Debatte nehmen wollte.

Doch würden bei einer Demo gegen Kinderarmut tatsächlich viele mitmachen? Schließlich wollte niemand als „armes Kind" ins Fernsehen oder in die Zeitung. Besonders Sam und Rolli zeigten sich skeptisch. Max belehrte alle Zweifler eines Besseren: Er erstellte eine Seite auf Instagram und gab ihr den Titel „NEIN zur Kinderarmut! Aufstehen für GERECHTIGKEIT". Die Seite wurde in kürzester Zeit mehr als 300-mal geliked, geteilt und positiv kommentiert. Max war begeistert und verkündete diesen Erfolg der Bibliotheksclique.

Vorbei war dieses lähmende Gefühl, im Alltag zu versinken, in dem Wochen zu einem zähflüssigen Brei aus Gegenwart und Vergangenheit wurden.

Max, Kim, Sam, Rolli, Mia und Maja hatten die politische Bühne betreten. Kim wollte auf Social Media Influencerin werden, jedoch weder Schminktipps geben noch für Klamotten werben. Sie wollte ihre Präsenz als Multiplikatorin dafür verwenden, um mit möglichst vielen Followern Unrecht öffentlich zu machen.

Anfangs war es ja bloß so eine Idee und „Demonstration" nicht mehr als eine Buchstabenfolge, doch nach einigen Tagen nahm dieses Wort immer mehr Gestalt an. Max war es, als sei er schon lange auf etwas zugegangen und jetzt war es da.

„Lasst uns das Ding einfach bei der Polizei durchziehen", sagte er.

Sie bildeten eine Delegation, die aus Max, Kim, Sam und dem Größten der Gruppe, Rolli, bestand. Eigentlich wollte Max, dass auch die Zwillinge mitkommen sollten, doch die anderen waren dagegen. „Bad-Girl"-Mia und „F-Wort"-Maja könnten mit ihrer ungehobelten Art alles kaputtmachen, wo doch diesmal vor allem diplomatisches Geschick gefragt war.

Die vier Delegierten waren sich einig, dass sie bei der Vorsprache bei der Polizei „richtig arm" aussehen mussten, um glaubwürdig zu wirken. Sam empfahl Kim, den Lippenstift und die superkurzen Pants-Jeans wegzulassen.

So traf diese schräge Abordnung in der Bundespolizeidirektion am Schottenring ein und sah aus, als wollte sie gleich eine Party crashen. Der kleine Max, dessen Zehen durch die Turnschuhe schauten, Rolli mit einem viel zu engem Hemd mit zerschlissenem Kragen, Kim in ihrer schmuddeligen Jogging-Hose und Sam mit dem durchlöcherten T-Shirt, das um seinen dürren Körper schlotterte.

„Wir wollen eine Demonstration anmelden", sagte Rolli, der allein schon durch sein Äußeres einschüchternd wirkte.

„Das müssen Sie schriftlich machen", sagte der Polizist beim Eingang.

„Das wissen wir", antwortete Kim. „Wir müssen aber zuvor einige Fragen klären."

Der Polizist verschwand in einer Kabine, telefonierte und nannte dann eine Zimmernummer im ersten Stock.

Der Weg führte durch eine Sicherheitsschleuse, pfauchend wichen Automatiktüren zur Seite. Ein letztes Mal besprachen sie ihre Strategie und mögliche taktische Manöver. Sie wirkten dabei wie Boxer, die ein letztes Mal die wichtigsten Schlagkombinationen, Angriffe und Ausweichmanöver übten, bevor sie in den Ring kletterten.

Herr Pokorny war ein Mann mit dicker Hornbrille und buschigen Augenbrauen. Die wenigen Haare hatte er vom linken Ohr weg über den Kopf gekämmt. Die Lamellenvorhänge in seinem Büro waren geschlossen. Das sollte vor der Hitze des Tages schützen.

„Sie wollen also Informationen zu einer geplanten Demonstration", sagte er und musterte die vier Jugendlichen mit einer Mischung aus Staunen, Belustigung und Wissbegierde. Ungefähr so, wie man im Zoo eine Gruppe seltener Tiere betrachtet. Insgeheim schien er sich die Frage zu stellen, wer denn diese wandelnde Altkleidersammlung, die so gar nicht in das Schema seines klassischen Demo-Publikums passte, zu ihm vorgelassen hatte. Auf seinem Schreibtisch lag ein Papierstapel. Er hatte ihn vor sich aufgebaut wie einen Schutzschild.

„Genau. Wir wollen gegen die Kinderarmut auftreten", sagte Max mit der Entschlossenheit eines Kämpfers, der sein Ziel klar vor Augen sah. „Kinder in Armut haben keine Lobby und keine Stimme. Sie bleiben stumm. Wir haben ein Anliegen und dafür brauchen wir die größtmögliche Bühne. Es muss sich etwas ändern in diesem Land!"

Der Referatsleiter, Herr über sämtliche Demonstrationen der Stadt, zeigte sich beeindruckt. Die Delegation brachte ihr Anliegen vor und verwies stolz auf voraussichtlich 300 bis 500 Teilnehmer bei dem großen Aufmarsch für mehr Gerechtigkeit. Der Herr Amtsrat gratulierte den Kindern zu ihrem Engagement.

„Es ist auch höchste Zeit, dass gegen die Kinderarmut etwas unternommen wird", erklärte er. „Außerdem geht es um ein wirkliches Problem, leider habe ich oft mit Leuten zu tun, die ihre Verschwörungstheorien in die Öffentlichkeit tragen wollen oder irgendwelche Spaßdemos für notwendig halten."

Herr Pokorny fand es großartig, dass sich nun die Betroffenen selber zu Wort meldeten. Die Zielrichtung der Demonstration sei absolut verfassungsgemäß, meinte er. Die Kinder waren begeistert über dieses große Verständnis. Kein Zweifel, sie konnten in Herrn Pokorny einen Verbündeten sehen.

„Es gibt allerdings ein Problem", meinte der Beamte: „Der Kundgebungsleiter muss mindestens 18 Jahre alt sein." Er schwitzte und fuchtelte sich mit seinen Unterlagen Luft zu.

Kim erwiderte, dass sie das sehr wohl wüsste, aber nicht wollte, dass ihre Demo von Erwachsenen oder einer politischen Gruppe „eingefädelt" und organisiert wird.

„Alles soll allein von den armen Kindern ausgehen und nicht von irgendeiner Partei", sagte Sam. „Sie können in unserem Fall wohl eine Ausnahme machen."

Dies ließ der korrekte Beamte nicht gelten. Die Voraussetzung für die geplante Demonstration sei nicht erfüllt, meinte er.

Er wand sich auf seinem Stuhl. Dann schlug er ein Buch auf

und las: „Nur eine volljährige Person kann Mitverantwortung übernehmen, für die Wahrung des Gesetzes und die Aufrechterhaltung der Ordnung bei Demonstrationen sorgen.“

Die Sache sei außerdem nicht so einfach. Man könne nicht ausschließen, dass sich gewaltbereite Elemente unter die friedlichen Demonstranten mischten. Sein Telefon läutete. Während er sprach, schichtete er die Papierstapel auf seinem Schreibtisch um. Kim warf ihren Freunden wütende Blicke zu und zischte etwas Unverständliches. Rolli seufzte gelangweilt. Max ballte die rechte Hand zur Faust.

Schließlich griff Herr Pokorny an den perfekten Knoten seiner Krawatte und sagte: „Leider gibt es viele Jugendliche, die jede Gelegenheit nützen, um Krawall und Randale zu machen. Die Kundgebung kann sehr schnell außer Kontrolle geraten.“

Als er die Enttäuschung in den jungen Gesichtern sah, meinte er: „Sie werden unter ihren 500 Verbündeten sicher jemanden finden, der bereits volljährig ist und sich als Kundgebungsleiter zur Verfügung stellt. Eine andere Möglichkeit sehe ich nicht.“

Er machte noch auf einige Details für die schriftliche Anmeldung aufmerksam. Die Delegation zog mit hängenden Köpfen unverrichteter Dinge ab. Die vier waren sauer auf diesen Bürohengst, dessen Beamtenlaufbahn sehr vorhersehbar der Pension entgegenzugleiten schien.

Kim beschloss, von nun an ein Online-Tagebuch zu führen und die Ereignisse rund um die Demonstration zu kommentieren. Die Öffentlichkeit sollte am Engagement der armen Kinder Anteil nehmen. Am Abend notierte sie: „Der Weg zu mehr

Gerechtigkeit ist lang und steinig. Wir lassen uns nicht aufhalten und werden auch diese Hürde schaffen."

Max schlug am nächsten Tag vor, die Demo ohne Anmeldung durchzuführen, doch das lehnte die Mehrheit der Clique ab.

Runde 8

TEILEN – TEILEN – TEILEN

Herr Schebesta reparierte Kims Kleiderschrank, der auseinanderzufallen drohte. Dann erzählte er von dem Termin für seinen nächsten Arztbesuch, den er dringend benötigen würde. Max nahm sich der Sache an. Schebestas Hausärztin vergab Anmeldungen nur mehr über ein Onlineportal, was den alten Herren überforderte. Dafür musste er nicht googeln, wie man eine Klospülung repariert.

Die Geschwister waren in den nächsten Wochen im August auf sich allein gestellt. Herr Schebesta hatte Frau Pribil versprochen, mitunter nach den beiden zu schauen. Die Gelegenheit war günstig. Max erzählte von der geplanten Demonstration. Von der Vorsprache im Polizeipräsidium.

„Großartig!", lobte Herr Schebesta. „Ich bin stolz auf euch."

Er freute sich, dass Max und Kim den Gedanken der Solidarität verstanden hatten: Erst durch den Zusammenschluss von Vielen kann dem Einzelnen geholfen werden, lautete seine Überzeugung.

Herr Schebesta erzählte nun lang und breit vom Kampf der Gewerkschaft um gerechte Löhne, Urlaubstage und Mitbestimmung im betrieblichen Alltag. Max und Kim wurden immer ungeduldiger.

„Wir könnten mit unserer Demo schon morgen loslegen",

unterbrach ihn Kim und erzählte von dem einen Hindernis, das es noch zu überwinden galt.

„Wir würden dringend Ihre Hilfe brauchen", ergänzte Max.

Der Gedanke, plötzlich Kundgebungsleiter einer Demonstration zu sein, gefiel Herrn Schebesta nicht.

„Sie haben mich schließlich auf diese Idee gebracht", sagte Max. „Auch Ihr Vater und Großvater sind gegen Unrecht aufgestanden."

Der alte Herr saß stumm da, dachte nach und ließ die Frage im Kopf kreisen. Seine heitere Miene glitt langsam über in den Ausdruck ernster Besorgnis. Herr Schebesta hatte Mittelpunkte stets gemieden. Sein Stammplatz im Leben war der Rand. Dort, wo man weder gewandt reden noch schleimig lächeln musste.
„Ja, aber ich habe doch keine blasse Ahnung, was ein Kundgebungsleiter machen muss."

Die Kinder erzählten vom geplanten Ablauf der Demo. Nach und nach schien sich Herr Schebesta mit der Idee anzufreunden. Sein Kämpferherz erwachte. Kämpfen hieß sein Lebensmotto seit jeher. Und: sich nichts gefallen lassen. Beim Gedanken an die geplante Demonstration wurden Erinnerungen wach: An damals, als er mit seiner Familie und den Kolleginnen und Kollegen von der Straßenbahn in einer unübersehbaren Menschenmenge mit wehenden Fahnen über die Ringstraße zum Rathaus marschiert war. Er zeigte sich beeindruckt, meinte aber, er müsse das zuvor unbedingt mit der Mutter von Max und Kim besprechen.

„Das würde ihren Kuraufenthalt empfindlich stören", gab Kim zu bedenken. „Der Arzt hat ihr Aufregungen verboten."

Max meinte: „Wenn sie von der Sache später in der Zeitung erfährt, wird sie gewiss stolz auf uns sein."

Gleich am nächsten Tag wollten sie ihren Kundgebungsleiter der Polizei präsentieren. Der Herr Nachbar brauchte bloß eine Versammlungsanzeige unterschreiben. Die letzte Hürde war genommen. Sie hatten jetzt einen würdigen Kundgebungsleiter, der die Öffentlichkeit beeindrucken würde. Herr Schebesta war längst zu einem Freund der Familie geworden. Zwei Eigenschaften kennzeichneten den wahren Freund: Man musste mit ihm über fast alles reden können – und er musste zuverlässig da sein, wenn man ihn brauchte.

Die Zwillinge schlugen vor, man solle mit der Demo bis zum Herbst warten, an einem heißen Sommertag würden weniger Kinder kommen. „Im Herbst werden viele Kinder bis zum späten Nachmittag in den Ganztagsschulen sein", widersprach Max. „Der Sommer ist der ideale Zeitpunkt für die Demo."

Max mochte die beiden Mädchen mit den langen Haaren und den pausbäckigen Gesichtern. Er konnte sich jedoch weder für Mia noch für Maja entscheiden. Er recherchierte bei gutefrage.net zum Thema „Kann man sich in Zwillinge verlieben?". Tatsächlich taten sich nicht zu unterschätzende Probleme und tückische Fallen auf, wenn man ständig glaubte, doppelt zu sehen. Nicht einmal die Gesichtserkennung eines Handys konnte die beiden unterscheiden. Deshalb beschloss Max, die Frage vorerst hintanzustellen, obwohl alle seine Sinne auf Empfang standen.

Die Aktivisten machten sich mit Feuereifer an die Arbeit. Sie bemalten Shirts, die sie sich vom Roten Kreuz holten. Sie stellten

Transparente her: „Grundsicherung für Kinder“ – „625 Euro für jedes Kind“ – „Tax the Rich“. Sie bemalten Leintücher aus der Altkleidersammlung der Volkshilfe und Caritas: „Ich möchte eine Eintrittskarte fürs Leben“ – „Lasst euch die Kindheit nicht stehlen!“ Auch Stirnbänder wurden mit Schriftzügen versehen: „Kinder an die Macht“.

Auch Mia hatte eine Protestparole kreiert: „Eine Reise, die sich lohnt: Schickt die Reichen auf den Mond!“ Maja wollte da nicht nachstehen: „Armut im Land, Kinder leisten Widerstand!“

Sam wollte über WhatsApp mobilisieren und über soziale Medien wie Instagram-Storys und Snapchat. Unter dem Motto „Wir marschieren gegen die Kinderarmut!!!“ kündigte Max einen Protestmarsch für den 24. August, 16 Uhr, Treffpunkt Wiener Urania, an. TEILEN – TEILEN – TEILEN schrieb er auf Instagram.

Er mobilisierte auch per Hashtag. Unter dem Motto #armekinder-Demo rief er zur Solidarität auf: „Wir werden nicht mehr schweigen. Lasst uns aufstehen und zeigen, wie stark wir sind! Wir haben nichts mehr zu verlieren.“ Der Tweet ging ab wie eine Rakete. Erst waren es 50, dann Hunderte, bald mehrere Tausend, die seinem Aufruf folgten.

Plötzlich meldeten sich Kinder zu Wort, die sich aus Scham jahrelang versteckt hatten: Da schrieb der 12-jährige Lukas, dass er in einer schimmeligen Wohnung auf einer Matratze auf dem Fußboden schlafen müsse. Beate wurde verspottet, weil sie den hässlichsten Rucksack ihrer Schule besaß. Azra schrieb: „Armut ist wie ein alter Kaugummi, der an den Schuhsohlen klebt.“

Ihnen allen fehlte das Geld zum Kindsein. Die Armut hielt sie in ihrer Gewalt wie ein übermächtiger Geist.

Kim wusste auch, wie sie ein Megafon auftreiben konnte. Ein Freund ihres Vaters hatte Biker-Rallyes organisiert. Ein Anruf genügte. Mia schrieb Mails an Zeitungen und ans Fernsehen.

Max nahm seine neue Aufgabe so in Anspruch, dass ihn nur mehr der Boxsack an seine einstmals großen Pläne erinnerte. Er bereitete mit Herrn Schebesta eine Ansprache für die große Abschlusskundgebung vor. Oft schien es, als wäre die Arena nur mehr eine schon sacht zerlaufende Erinnerung.

Sam war auch Experte für TikTok. Er besprach mit Max seine Idee für einen Videoclip. Er hatte ein komplettes Drehbuch vorbereitet:

MAX (vor dem Boxsack): „Hi, ihr Reichen. Nehmt den hier (schlägt zu). Ich habe kein Geld, miese Klamotten und keine Zukunft. Scheiße, ich bin arm und ich bin wütend."

(Links-Rechts-Kombination.) „Wir schlagen jetzt zurück. Bei der großen Demo NEIN ZUR KINDERARMUT am 24. August."

Durch geschickte Kameraführung spielte die eingegipste Linke keine Rolle. Das Video war schon nach kurzer Zeit auf der „For You"-Page gelandet. Damit ging es viral, hatte also ein Vielfaches der Nutzer der App erreicht. Es wurde hundertfach geliked, geteilt und kommentiert. Max rechnete nun mit mehr als 500 Teilnehmerinnen und Teilnehmern!

Alle lobten die Fähigkeiten des Computer-Nerds Sam. Kein Wunder, bedeutete doch Samir im Arabischen Stärke, Intelligenz und Ehrgeiz.

Kim notierte in ihrem Online-Tagebuch: „Der 24. August wird der Wendepunkt im Schicksal der Kinder sein, die von Armut und Ausgrenzung bedroht sind. An diesem Tag wird in Wien Geschichte geschrieben. Kinderarmut ist Gewalt und unterlassene Hilfeleistung. Später werden die Kids dieser Stadt davon hören, dass wir es waren, die ihnen Hoffnung und Würde gegeben haben."

In ihren Sätzen schien das Feuer der Empörung zu brennen, eine öffentliche Anklage, die sich gegen das ganze Land, ja, die ganze Welt richtete. Da war dieser Trotz, es all jenen zu zeigen, die mit dem Finger auf die Prolkids wiesen.

Nun konnte sie auf @kim_fight4you bereits 189 Einträge zählen und auf knapp 200 Abonnenten verweisen, die an ihrem Schicksal Anteil nahmen.

Der Tag, an dem Max zum Helden werden sollte, begann wie jeder Tag in diesen Ferien. Der 24. August sollte laut Wettervorschau wieder ein heißer, ungetrübter Sommertag werden. Doch gegen 12 Uhr legte sich plötzlich ein Schleier über Wien, die Sonne schaffte es nicht durch den versmogten Himmel. Erst unwirklich, dann mit immer stärkerer Kraft schien alles wie von Geisterhand in Zwielicht getaucht.

Kim beschlich ein ungutes Gefühl, als sich der Himmel weiter verdüsterte. Die Prognose ihrer Wetter-App lag völlig daneben. „Ein bisschen Regen ist egal", sagte Max. „Echte Kämpfer schrecken von ein paar Tropfen nicht zurück."

Die Wolken hatten sich bald zu einer breiten Front verdichtet.

Am Nachmittag gingen heftige Gewitter über der Stadt nieder. Gegen 16 Uhr ließ der Regen nach. Am vereinbarten Versammlungsort Urania war die Polizei mit 90 Beamtinnen und Beamten, vier Hunden und drei Mannschaftswagen angerückt. Herr Schebesta wirkte angespannt und ängstlich, als müsste er gleich in ein Becken voller Piranhas springen.

„Wo bleiben denn eure Freunde?", fragte er Kim, deren 5-Euro-Shirt durch den Regen durchsichtig geworden war. Endlich tauchte Rolli auf, gleich darauf Sam, der sich wunderte: „Wo sind denn alle?" Nun kamen auch die Zwillinge Mia und Maja.

Der Einsatzleiter war ein großer, stämmiger Mann, der Ruhe und Beharrlichkeit ausstrahlte. Polizeimajor Fürstenhofer studierte den Ausweis von Herrn Schebesta mit zusammengekniffenen Augen. Dann besprach er mit ihm das Aufmarschgebiet. Er rechnete mit einem störungsfreien Verlauf, da eine Gegendemonstration nicht zu erwarten war. Drei Straßenzüge waren für den Verkehr gesperrt, Funkstreifen an Kreuzungen postiert. Doch für den Aufmarsch fehlten die Teilnehmer. Außer einigen Touristen, die sich über das Polizeiaufgebot wunderten, waren hier kaum Leute unterwegs.

Max kaute unruhig auf den Lippen und schaute sich immer wieder nach seinen Verbündeten um. Aber alles, was er sah, waren Polizisten und Hunde. Sogar von der Bibliotheksclique war nur der harte Kern gekommen. Max und Kim schrieben über WhatsApp und Insta-Messenger an ihren Freundeskreis. „Wieso? Es regnet doch!", lautete die Antwort auf die flehentliche Bitte, sofort zur Demo zu kommen.

Manchmal brachen die dichten Wolken auf und ein einsamer Sonnenstrahl beleuchtete die makabre Szenerie wie ein himmlischer Fingerzeig.

Herr Schebesta schien am Ende seiner Kräfte zu sein. Die Anspannung der vergangenen Stunden entlud sich, er schüttelte den Kopf, ungläubig, dass wahr sein sollte, was gerade passierte. Kim führte ihn zu einer Sitzbank.

„Sollte hier nicht eine Demonstration stattfinden?", fragte ein Fotograf. Max sah, wie die Polizisten die Köpfe schüttelten und tuschelten. Sie lachten sich ins Fäustchen, was auf einen Boxer besonders demütigend wirken musste. Sie waren zufrieden, denn für diesen Einsatz winkten gut bezahlte Überstunden.

„Kapiert ihr das?", fragte Kim und schlug sich immer wieder an den Kopf. Sie wirkte zerstört, als wäre ihre Katze soeben von einem Müllwagen überfahren worden. Es war so still um die beiden Geschwister. Kein Wunder, die Straßen waren ja abgesperrt. Hie und da hörten sie das Rauschen von Funkgeräten und das Bellen eines Polizeihundes.

Sie saßen mit ihren Plakaten, Aufrufen und Trillerpfeifen auf dem Gehsteig und wirkten wie aus dem Nest gepurzelte Vögel. Zart, zerzaust und hilfsbedürftig. Nur Max ging trotzig auf und ab, legte den Kopf in den Nacken und blickte empor zum Sternwarteturm. Warum bloß stand diese Demo unter keinem guten Stern? Wo er doch alles, wirklich alles, generalstabsmäßig geplant und sorgfältig durchdacht hatte.

Schweigen machte sich breit, jeder schien zu begreifen, dass dies das Ende aller Illusionen war. Dann stießen doch noch zwei Manifestanten zu dem Grüppchen. Sie hießen Bedo und Mohammed, kamen aus Favoriten, und waren dem Aufruf auf TikTok gefolgt. Immerhin waren sie nun bereits acht.

„Scheiß Bullen, verpisst euch!", schrie jemand von der Aspernbrücke.

Die Miene des Einsatzleiters hatte sich von Minute zu Minute mehr verdüstert, er unterhielt sich mit dem Fotografen. Major Fürstenhofer wartete genau 15 Minuten, so schrieb es das Gesetz vor, dann sagte er die Kundgebung ab.

„Das wird wohl nichts mehr", wandte er sich an Herrn Schebesta. „Wir werden hier nicht so lange warten, bis ihre Demonstranten endlich kommen."

Max hörte, wie er gegenüber einem Kollegen von „Jux" und „Verantwortungslosigkeit" sprach. Für diesen Kindergarten wäre das Urania Puppentheater der richtige Ort.

Max sank mit seinem Megafon zu den anderen auf den Gehsteig und wusste, dass er verloren hatte. Völlig abwesend starrte er auf den Redeentwurf für die große Abschlusskundgebung. Tränen der Ohnmacht liefen über seine Wangen. Maja umarmte ihn und fand tröstende Worte: „Forget it, auch Greta hat ganz allein angefangen!"

Er hörte noch, wie der Einsatzleiter Herrn Schebesta erklärte, diese „Demonstration" würde dem Staat mehr als 20 000 Euro kosten.

„Das sollen Sie wissen, Herr Schebesta", machte der Herr Polizeimajor seinem Unmut Luft. „Und das sollten Sie sich durch den Kopf gehen lassen."

Wenigsten einen Moment lag kamen sich Max und Kim nun wichtig vor. Die acht Kämpfer und ihr Kundgebungsleiter gingen wie begossene Pudel ihrer Wege. „Kinderarmut ist nicht gut, dafür kriegt ihr unsre Wut!“, murmelte Max vor sich hin.

Am Abend erklärten die Meteorologen, das Unwetter habe sich „im Wettermodell spät abgebildet“, es sei nicht abzusehen gewesen, wo es niedergehen würde. Die Klimaerwärmung würde Prognosen erschweren.

Doch konnte man das Gewitter allein für das Desaster verantwortlich machen? Max bezweifelte, dass ihm das Unwetter einen Strich durch die Rechnung gemacht hatte.

Am nächsten Tag suchte Max noch immer nach einer Erklärung. Wie konnten ihn 500 Mitstreiter, alles wütende arme Kinder wie er, einfach im Stich lassen? Wo doch „Armsein“ in erster Linie Zusammenhalten und Solidarität bedeuten sollte. Max hatte sich als Anführer einer Massenbewegung gewähnt, der es letztlich an Masse gefehlt hatte. Das Unwetter konnte nicht allein schuld gewesen sein.

Es gab diesen kurzen, glücklichen Moment nach dem Aufwachen, wenn er die Augen aufschlug und glaubte, alles sei wie früher: Lob von Charly, Vorbereitung für den Titelkampf. Doch dann stürmten die Bilder der vergangenen Tage wie ein Hurrikan auf ihn ein. Alles war wieder da, genauso wie nach dem Rauswurf aus der Boxarena: der Schmerz, die Trauer, die Verzweiflung, die Wut. Die Gefühle vermischten sich zu einer Ohnmacht. Ein seelisches Drama von seltener Eindringlichkeit.

Seine Wut mischte sich mit Selbstverachtung: Ich habe versagt, ich bekomme nichts auf die Reihe. Er hatte nun mehr als genug einstecken müssen. Wie sollte es weitergehen?

Kim fühlte sich hilflos und leer. Sie schrieb in ihr Tagebuch, dass es ihr „fucked up" gehe, also total beschissen: „Hey, vielleicht war diese verdammte Demo nur ein Hirngespinst, ein böser Traum. Wenn ich dann realisiere, was passiert ist, möchte ich alles kaputtschlagen. Vielleicht trete ich auf dem Ballhausplatz in den Hungerstreik und beende ihn erst, wenn der Bundeskanzler mit mir über Kinderarmut gesprochen hat." Darunter setzte sie einen traurigen Smiley und mehrere Kotz-Emojis.

Kim kam sich vor wie eine ungeübte Statistin, die ihren Auftritt hoffnungslos verpatzt hatte. In der ersten wichtigen Rolle ihres Lebens hatte sie sich an der Spitze einer Rebellion gesehen. Trost spendete allein Stubentiger Daisy. In Stunden der Niedergeschlagenheit legte sie die Hand auf ihren träge atmenden Katzenbauch, spürte dieses ruhige Atmen und fühlte sich sofort besser.

Herrn Schebesta drückten die verschwendeten 20 000 Euro schwer aufs Gemüt. Er saß in seiner Küche, rang stumm die Hände und suchte nach einer Antwort auf die Frage, warum er sich bloß auf dieses Himmelfahrtskommando eingelassen hatte.

Max wusste, dass die Kritik des Einsatzleiters den guten Nachbarn ins Mark getroffen hatte und bis ans Lebensende verfolgen würde.

Für seinen jungen Rebellen fand Herr Schebesta trotz allem

tröstende Worte: „Menschen treten oft schnell für etwas ein, zeigen aber selten eine Bereitschaft, auch selber einen Beitrag zu leisten."

Max griff zum Handy und scrollte durch seine WhatsApp-Nachrichten und Posts auf Twitter. Mädchen hatten ihm auf Instagram Herzchen geschickt, aber er brauchte keine verdammten Herzchen in seiner Inbox. Er brauchte Mitstreiter, die sich mit seinem Anliegen solidarisch zeigten und sich mit ihm in den Kampf warfen. Die auch nicht davor zurückschreckten, sich eine blutige Nase zu holen, wenn es hart auf hart ging.

Max biss die Zähne zusammen und prügelte mit seiner Rechten, dem Ellbogen und dem linken Fuß mit noch mehr Leidenschaft auf den Sandsack ein und hörte Tom Pettys Worte: „Hey, ich werde nicht nachgeben!"

Ans Aufgeben dachten die Geschwister trotz allem nicht. Armut konnte in einem Menschen ein Feuer entfachen. Max erinnerte sich an eine Boxerweisheit seines Idols, der Filmfigur Rocky Balboa, ein kleinwüchsiger Draufgänger wie er: „Es kommt nicht darauf an, wie hart man schlägt, sondern wie viel man einstecken kann und dann trotzdem weitermacht."

Und wie hieß es bei Tom Petty: „Diese Welt wird mich nicht runterziehen. Selbst vor den Toren der Hölle werde ich nicht zurückweichen!"

Als Max aus dem 4. Stock auf den Gürtel blickte, kam ihm eine Idee. „Die Lösung liegt ganz nahe", meinte er zu seiner Schwester. „Buchstäblich in Reichweite." Der Plan war gewagt. Schließlich waren Max und Kim bereits strafmündig.

„Wir werden Probleme bekommen", sagte die Schwester. „Das ist verrückt. Da wird niemand mitmachen."

„Aber wir müssen die Menschen wachrütteln. Ich sehe keinen anderen Weg. Außerdem gibt das einen tollen Eintrag in dein Tagebuch", meinte Max mit einem verschwörerischen Grinsen.

„Na ja, warum eigentlich nicht", sagte Kim. Sie stellte sich vor, wie die Zahl ihrer Abonnenten durch die Decke gehen würde.

Max beobachtete den Verkehr auf einer nahen Kreuzung. Warum war er nicht schon früher darauf gekommen? Endlich trug er wieder das Lächeln des Siegers im Gesicht, der sich vorstellte, wie sein Plan aufgehen würde.

Runde 9

LUCKY PUNCH

Auch Rolli, Sam und die Zwillinge fanden das Vorhaben riskant. Die anderen winkten sofort ab, sie fürchteten Probleme mit ihren Eltern. Sie saßen auf der Freitreppe und Max zeigte ein Video: Fünf Umweltaktivisten in orangen Warnwesten betraten bei Grün einen Fußgängerübergang, setzten sich auf den Zebrastreifen und reckten ihre Schilder in die Höhe: „AUTOBAHN 100 KM/H", „Klimakiller CO_2", „No Planet B".

Die Autofahrer im Frühverkehr reagierten irritiert, gereizt. Zunächst hupten einige und gestikulierten mit den Händen, tippten sich an die Stirn. Die Körper der Aktivisten blockierten alle Fahrspuren. Eine Frau schwang ein Pappschild: „Wir sind gleich wieder weg!", mit etlichen Herzchen. Das konnte aber niemanden besänftigen, denn die Nerven lagen inzwischen blank. Der Unmut der Gestrandeten nahm Fahrt auf.

Einige glaubten, ein Schlupfloch entdeckt zu haben. Sie versuchten, die Blockade über eine Fußgängerinsel zu umfahren.

„Ich muss arbeiten!", sagte ein bärtiger Mann mit Krawatte.

„Das ist schon meine dritte Sitzblockade in diesem Monat", seufzte ein Opa. Weit über hundert Fahrzeuge waren zum Stillstand gekommen. Ein Hupkonzert setzte am Ende der Kolonne ein.

Eine Demonstrantin bot den verärgerten Autofahrern Kekse an, doch niemand wollte zugreifen. Ein Installateur in Arbeitskluft drängte nach vorne. Er müsse dringend zu einem Rohrbruch. Bei der Kundschaft würde das Wasser laufen und laufen …

„Sie machen auf die Klimakatastrophe aufmerksam", zeigte eine Passantin Verständnis. „Die Regierung tut zu wenig!"

Nach wenigen Minuten ertönten Polizeisirenen. „Ich fordere Sie auf, die Fahrbahn freizugeben!", sagte ein bulliger Beamter. Dies ging jedoch nicht auf die Schnelle, denn zwei Aktivisten hatten inzwischen ihre rechte Hand mit Sekundenklebern am Asphalt festgeklebt. Den Autofahrern wurde schmerzhaft bewusst, dass sie einer Handvoll Umweltschützern auf den Leim gegangen waren.

„Das ist eine nicht angemeldete Versammlung", tönte es aus dem Lautsprecher des Streifenwagens. „Die Polizei wird sie mit Zwangsmitteln räumen!"

Die Ordnungshüter erwiesen sich inzwischen routiniert im Umgang mit den klebrigen Straßenhockern. Die Bereitschaftseinheit „Entkleberdienst" rückte mit Spezialausrüstung an: einem Rucksack mit dem Lösungsmittel Aceton, Pinsel, Öl, Meißel, Spachtel, Hammer und Handschuhen. Wenn man lange genug pinselte, rieb und kratzte, konnte die Flüssigkeit den Kleber lösen.

„Sie haben die Pflicht, sich zu entfernen. Ansonsten handeln Sie rechtswidrig!" Der Ton war erheblich schärfer geworden. „Sie werden zur Anzeige gebracht."

Sie nahmen den Blockierern die Transparente und Pappschilder aus der Hand. Die Polizisten trugen die Umweltaktivisten von der Straße und verfrachteten sie in einen Arrestantenwagen.

Die Autofahrer wanderten zurück zu ihren Fahrzeugen.

Man hörte noch, wie ein Wagen nach dem anderen gestartet wurde. Nach 30 Minuten war die Blockade aufgelöst und der Verkehr rauschte, als hätte ihn nie jemand zum Stillstand gebracht.

Max sah, dass sich das Unbehagen seiner Freunde immer mehr vergrößert hatte. Es würde sehr viel Überzeugungsarbeit notwendig sein, sie für eine ähnliche Aktion zu gewinnen.

„Eines ist sicher", sagte Sam und grinste. „Wir haben kein Geld für Kekse und Klebstoff."

„Und was ist, wenn der Notarzt zu einem Unfall muss?", fragte Rolli.

„Wir lassen eine Fahrspur frei."

„Das funktioniert bei einem dichten Stau nicht!"

„Ich sehe absolut nichts Unrechtes an dieser Aktion", sagte Max. „Das Unrecht geht vielmehr von den Erwachsenen aus, die es zulassen, dass 370 000 Kinder in Armut leben müssen."

Kim wollte ihrem Bruder hilfreich zur Seite stehen: „Ich habe recherchiert, dass die Ringstraße im Vorjahr 30-mal wegen Demos gesperrt war. Okay, das waren angemeldete Kundgebungen."

„Das ist natürlich ein Unterschied", meinte Maja.

„Der Verkehr wird in diesem Sommer durch die zahlreichen Baustellen und Umleitungen wesentlich mehr aufgehalten als durch ein paar Blockierer", sagte Max.

„Außerdem wird unsere Demo die Spitzenmeldung auf allen Online-Portalen der Presse sein. Ich sehe schon die Schlagzeilen: AUFSTAND DER ARMEN KINDER – GÜRTEL BESETZT!"

„Wir kommen sicher nicht ungeschoren davon", gab Mia zu bedenken.

„Sitzenbleiben auf der Straße ist eine Ordnungswidrigkeit, etwa so wie Falschparken“, sagte Kim.

„Darauf möchte ich mich nicht verlassen“, entgegnete Sam. „Wenn das schiefgeht, kann ich mir einen zukünftigen Job abschminken.“

„Ziviler Ungehorsam ist eben notwendig, um Dinge bewegen zu können“, konterte Max. „Und, mein Gott, der Verkehr wird gerade einmal für 30 Minuten aufgehalten.“

„Aber die Autofahrer sind inzwischen heiß auf diese Blockierer“, sagte Rolli. „Wir dürfen uns keine Sympathie erwarten. Denen ist egal, ob jemand gegen Klimawandel oder Kinderarmut demonstriert.“

„Die Sache geht garantiert nach hinten los“, sagte Maja.

Max stand vor einer weiteren Niederlage. Er konnte nur mit Kims Stimme rechnen. Sein Handy läutete. Unbekannte Nummer.

„Max Pribil?“, fragte eine sonore Stimme. „Unser Blatt würde gerne über diese missglückte Demonstration berichten. Dürfen wir Ihnen ein paar Fragen stellen …?“

Die Tage von Sarah Pribil in der Steiermark vergingen mit Reha-Sport, Wasserübungen und Gymnastik. Zum Therapieplan gehörten „Stressbewältigung“, „Gruppengespräch zum Thema Selbstwert“ und „Kraftmanagement“. Im Untergeschoss der modernen Kuranstalt lagen die Räume für Physiotherapie, Massage und Moorpackungen.

Viele Frauen waren wie Sarah ausgebrannt und erschöpft und klagten über Burnout, weil sie im Beruf und in der Familie alles gegeben hatten. Burnout – das klang heldenhaft, nach Selbstaufopferung. Sarah traf Frauen, die einem anderen, besseren Leben nachtrauerten, für das es längst zu spät war. Einige sagten ihr, sie würden weder ihren Mann noch ihre Kinder vermissen.

Einmal hatte sie ihre Turnmatte neben einem Geschäftsmann ausgerollt, der in Trennung lebte. Er wirkte sympathisch und erzählte von seiner florierenden Firma. Sarah fand aber nach einigen Netz-Recherchen heraus, dass er in großen Schwierigkeiten steckte und vor dem Konkurs stand. Sie wollte nicht ein weiteres Mal von einem Mann hinters Licht geführt werden.

In den ersten Tagen war Sarah im Zimmer auf und ab gelaufen wie eine Löwin im Käfig. Der Psychologe empfahl ihr, Mandalas auszumalen und im Werkraum Figuren aus Ton zu modellieren. Dann begann sie zu puzzeln. Puzzeln trainierte Ausdauer, Geduld und Konzentrationsfähigkeit. Sie saß an einem Papagei, 400 Teile. Anfangs hatte sie versucht, Randstücke zusammenzufügen, aber sie sahen alle gleich aus. Sie ließ es bleiben, denn Puzzeln erinnerte sie an ihr Leben, in dem die einzelnen Teile ebenfalls nicht zusammenpassen wollten.

Sarah freundete sich mit einer alleinerziehenden Mutter mit einem ähnlichen Schicksal an. Vor ihr musste sie sich nicht verstecken. Ingrid balancierte genauso wie sie auf diesem schmalen Grat zwischen Aufgefangenwerden und Abgrund. Die Arztassistentin fühlte sich auch als emanzipierte Frau, ihr Selbstbild war nicht, sich von anderen helfen zu lassen. Mutter zu sein ohne Partner bedeutete meistens den Abstieg in die Armut. Alleinerziehend, allein gelassen!

Andere Frauen erzählten ihr von ihrem Urlaub im Schweigekloster und ihren Fastenwanderungen. Ein Guru für „ganzheitliches Wohlbefinden" wollte den Kurgästen den Weg ins Shangri-La, den Ort des Friedens und der Harmonie, aufzeigen. Der steirische Heilsbringer berichtete von thailändischen Klöstern und von Menschen, die wenig haben und trotzdem glücklich waren: „Besitz ist Ballast!" lautete seine Botschaft. „Wer nichts besitzt, ist von nichts abhängig und glücklicher." Die Zuhörer hatten ergriffen geseufzt und mit den Köpfen genickt.

Sarahs Erwartungen beschränkten sich darauf, irgendwann einmal einen ganzen Tag lang nicht mehr an ihr Armsein zu denken. Es gelang ihr tatsächlich, ihre Gedanken einfach auszuschalten wie ein japanischer Zen-Mönch. Allmählich wurde sie das Gefühl von Druck los und es stellte sich der ersehnte Zustand von Seelenruhe ein. Eine Erfahrung von Stille, als würden sich Wogen glätten.

Der Psychologe erklärte, die Gefahr bestehe darin, in einen Alltag zurückzukehren, der nach alten Mustern funktionierte.

Keine To-do-Liste, viel Schlaf, gesundes Essen: Kein Zweifel, die Kur tat ihr gut! Bis zu jenem Tag, als sie auf der Titelseite eines Gratisblattes ihren Sohn und ihre Tochter entdeckte.

„Ganz Wien lacht über diese Demo" lautete die dicke Schlagzeile. Man sah drei Buben und drei Mädchen, die mit hängenden Köpfen auf einem Gehsteig kauerten. In den Händen hielten sie Transparente. „90 Polizisten sollten den Demonstrationszug durch die Straßen Wiens geleiten", konnte man lesen. „Doch am

Ende waren es nur sechs Kinder, die gegen Armut protestieren wollten."

Max sah sich gedemütigt und verhöhnt. Ihm war, als bewegte er sich durch einen endlos langen Tunnel. In den angeblich sozialen Netzwerken hagelte es Spott und Schmähungen. Verbales Gift von Hatern, das sich wie Säure durch die Seele fraß. Würde es für ihn wieder Licht geben am Ende dieser Hölle?

Einige User empfanden immerhin Mitleid und Bedauern. Doch es gab auch Zuspruch. Diese gescheiterte Demonstration warf Fragen auf: Wer waren diese Kinder? Jedenfalls handelte es sich nicht um die üblichen Klima-Chaoten und Öko-Blockierer. Sie hatten ein Anliegen und wollten dafür friedlich demonstrieren. Steckte vielleicht eine Partei hinter dieser missglückten Aktion? Hatte jemand diese Kinder angestiftet, sie „instrumentalisiert"?

Am nächsten Tag tauchte das TV-Team eines Privatsenders im Gemeindebau auf. Max, Kim, Rolli, Sam und die Zwillinge erzählten ihre Lebensumstände und rechneten vor, wie wenig sie zum Leben hatten.

„Endlich gibt es jemanden, der uns zuhört!", sagte Kim.

Die TV-Reportage „Aufstand der Vergessenen" löste eine Lawine aus. Max, der „traurige Held", wurde zum Gesicht des Protests, er und Kim waren nun gefragte Interview-Partner. Die Journalisten hatten ihre nächste Schlagzeile: „Kinder proben den Aufstand. Sie wollen die Politik zum Handeln zwingen." Was für ein Thema! Noch dazu mitten im Sommerloch, die Politiker auf Urlaub, wenig los.

Max, der ewige Verlierer, mutierte in kürzester Zeit zum

Superstar. Er stand plötzlich im Blitzlichtgewitter und auf der Bühne der großen Politik. Ein Phänomen, das über Nacht geboren wurde, führte den Kinderkreuzzug gegen die Armut an. Und man fragte sich, ob dieser junge Mann mit dem ersten Flaum am Kinn wirklich das Zeug dazu hatte, zum Schrecken der Wohlhabenden und Saturierten zu werden. Denn die Arme-Kinder-Bewegung war eine Anklage gegen die Untätigkeit der Regierenden, die es zuließen, dass sich die Spaltung zwischen Arm und Reich immer mehr verfestigte.

Max und Kim wurden sogar zu Talk-Shows eingeladen, sprachen in Podcasts und luden Instagram-Storys hoch.

Oft drängten sich ja heute Menschen vor eine Kamera, die nichts weiter konnten als besonders laut rülpsen. Da war jemand, der gegen Kinderarmut auftrat, erst recht ein Star. „Gretas Bruder", schrieb ein deutsches Magazin. Es war ein Hauch von Madison Square Garden.

„Es gibt keine politische Partei", trat Max den Mutmaßungen entgegen, er sei eine fremdgesteuerte Marionette. „Es gibt nur die Partei der armen Kinder."

Nach jedem Interview war die Mailbox der Geschwister voll mit Glückwünschen und Anfragen. Auf Instagram überschütteten Max Fans mit Smileys. Im Sekundentakt ploppten Herzen auf seinem Smartphone auf. Ständig wollte jemand mit ihm für Selfies posieren.

Schnell waren es Tausende, die sich über WhatsApp für weitere Aktionen organisierten. Sam erstellte eine professionell gemachte Website.

„Wir haben mit unserem Protest einen großen Erfolg erzielt", erklärte Kim in einem Zoom-Interview. „Daraus soll eine Bewegung hervorgehen, die die Politik gegenüber den Armen im Land verändern wird. Wir sind wütend und wir sind bereit zu kämpfen."

Es klang wie eine Drohung: Wir nehmen uns den Teil vom Kuchen, der in Wahrheit uns gehört!

In den Internetforen wurde getwittert, gebloggt und gestritten. Man war sich weitgehend einig: Max war kein Radikaler, keiner dieser nervigen Sekundenkleber-Rebellen, seine Forderungen waren fast bieder. Klar und kompromisslos seine Botschaft: Mehr soziale Gerechtigkeit, Schluss mit der Kinderarmut, Grundsicherung für Kinder, höhere Steuern für Reiche! Es war die Entschlossenheit eines Jugendlichen, die Max berühmt machte. Aus ihm sprach nicht die Sprache der Politik, sondern die Sprache des Herzens.

Max ließ die Parteien alt und überkommen aussehen. Sein Protest richtete sich gegen die herrschende Klasse. Wer in Österreich als Kind armer Eltern auf die Welt kam, der wurde die Last dieser Hypothek später selten wieder los. Stimmen wurden laut, den Kurs in der Sozialpolitik so rasch wie möglich zu ändern.

Wo ein Hype war, ließen Kritiker nicht lange auf sich warten: Die Vorschläge der Kinder zur Armutsbekämpfung seien zu simpel. Sie könnten höchstens einen Impuls bewirken. Die Initiative würde mit großer Wahrscheinlichkeit schon bald im Sand verlaufen.

Max schlug sogar blanker Hass aus der Netz-Meute entgegen.

User posteten, man solle dieser Rotznase in den Arsch treten. Zuerst galten Max und seine Mitstreiter ebenso wie die Umweltaktivisten als Generation, die träge und politisch nicht interessiert war. Jetzt traten sie lautstark auf – und wurden kritisiert!

Herr Schebesta, der noch kurz zuvor innerlich tausend Tode gestorben war, zeigte sich begeistert, was Max erreicht hatte, und dass er selber einen Impuls gegeben hatte. Er betrachtete den Rummel um seinen Nachbarn mit seinem gewohnt skeptischen Blick: „Du hast jetzt die Aufmerksamkeit, die du dir als Boxer gewünscht hättest. Es hängt jetzt von dir ab, wie du sie nützt. Jedenfalls hast du mehr Mut gezeigt als irgendein Politiker."

Auch Zeitungen des Auslands brachten das Bild von der gescheiterten Demo, die den Stein ins Rollen gebracht hatte. Die Öffentlichkeit stellte sich Fragen: Wie war es möglich, dass in Österreich, einem der zwanzig reichsten Länder der Welt, Kinder armutsgefährdet waren? Österreich, das unter den fünf reichsten Ländern der EU rangierte. In Deutschland wurde darauf hingewiesen, dass rund zwei Millionen Kinder und Jugendliche in Armut aufwuchsen.

Der Name Max Pribil überholte bei Suchanfragen sogar den Namen des Bundeskanzlers. „Und es ist nicht ausgeschlossen", meinte ein Kolumnist, „dass ihn das Time Magazin in die Liste der 30 einflussreichsten Teenager des Jahres aufnehmen wird."

Runde 10

SIEG NACH PUNKTEN

Mit einer Klangschale zum Meditieren im Gepäck und vielen guten Vorsätzen trat Sarah Pribil die Heimreise von ihrem Kuraufenthalt an. Sie hatte wieder Lebensmut gefunden, obwohl die Sorgen noch so nahe waren. Sie kannte inzwischen auch Kims Online-Tagebuch und hatte die Berichterstattung in den Medien atemlos verfolgt. Zu Hause gab es viel zu besprechen. Sie wusste, dass ihr Mann unendlich stolz auf seinen Sohn gewesen wäre, schließlich war er ein ebensolcher Hitzkopf und Aufrührer, der kein Risiko gescheut hatte.

Sarah bekam ein Angebot von ihrer Bank, wo sie zuletzt als Kundenberaterin tätig gewesen war. Die Kolleginnen hatten sie schon mehrmals gelobt, weil sie unter Druck viel ruhiger geblieben war. Sie zeigte sich jetzt viel gelassener, fühlte sich nicht mehr so schnell angegriffen. Wenn es doch einmal hektisch wurde, griff sie in der Hosentasche nach ihrem kleinen Speckstein für Körper, Geist und Seele und sagte sich: Stopp!

Ihr wurde wieder bewusst, dass sie etwas ganz Wertvolles verwaltete: jeden Tag ihres Lebens. Sie fürchtete den Winter, wo sich wieder alles zuspitzen würde, Heizkosten, Weihnachten und neue Winterkleidung. Ansonsten hoffte sie, dass ihr die Armut irgendwann wie ein ferner, unwirklicher Albtraum erscheinen möge, der einmal verblasste.

Inzwischen hatten sich immer mehr politische Parteien und kirchliche Organisationen eingeschaltet, auch Wohltätigkeitsgruppen, von denen Max noch nie gehört hatte. Es meldeten sich auch immer mehr Politiker zu Wort, die auf den Zug aufspringen wollten und den Kinderkreuzzug gegen die Armut begeistert begrüßten. Der Bundeskanzler gab aus seinem Ferienquartier ein Interview.

Wie soll man einen Kinderprotest nennen, der mit dem Segen der Erwachsenen durchgeführt wird? Es klatschten die Beifall, die man eigentlich unter Druck setzen wollte.

„Wir pfeifen auf euren Applaus, wir wollen Veränderung, und zwar sofort!", erklärte Max. „Jedes Kind hat es verdient, aus dem Kreislauf von Armut und Ausgrenzung herausgeholt zu werden."

Die Aktivisten gerieten immer mehr in den Hintergrund. Das gemeinsame Anliegen drohte im Hype unterzugehen.

Bei der Bibliotheksclique machte sich Eifersucht breit, weil Max allein im Mittelpunkt des medialen Interesses stand, obwohl er stets betonte, es sei nicht seine Bewegung, sondern die Bewegung der vielen Kinder in Armut, die sich mit ihm solidarisch zeigten. Rolli und die anderen Freunde gingen auf Distanz.

Das Medieninteresse, das über Max und Kim hereinbrach, führte auch zu einem Gestocher in ihren Lebensläufen. Es war, als ob sich im grellen Licht der Kameras Finger nach Max ausstreckten und in jeden Winkel seines Lebens tasten würden. Er wusste oft nicht, ob er in Deckung oder in die Offensive gehen sollte.

Ein Krawallblatt schrieb, er sei der Sohn jenes berüchtigten Wien-Rasers, der mit Helmkamera und teurer Yamaha tödlich verunglückt war. Die Familie habe in Saus und Braus gelebt, hieß es weiter. Manche Menschen seien aufgrund ihrer Konsumgier eben selber schuld, wenn sie verarmen und dann dem Staat zur Last fallen.

Die Hasskampagne auf Social Media war für die Pribils nur schwer zu verdauen. Sarah trafen scheele Blicke in der Bank. Hate Speech fühlte sich an, als würde man mit Schmutz beworfen. Max und Kim hatten keine Erfahrungen mit den Fallstricken, die auf der großen Bühne des Lebens lauerten. Sie mussten erfahren, dass die Öffentlichkeit ein Ort war, an dem man sich schwerste Verletzungen zuziehen konnte.

Doch die Geschwister waren entschlossen, dem großen Ungeheuer, dem Shitstorm, zu trotzen.

Herr Schebesta, der inzwischen zu einer Art Vaterersatz geworden war, erklärt Max, dass er von den Medien benutzt worden war, denen würde es vor allem um „die Gschicht" und um Schlagzeilen gehen. Presseleuten sei nicht zu trauen, wer sich mit ihnen einlasse, werde früher oder später verraten. Er tröstete ihn mit einer historischen Gesetzmäßigkeit: Die Revolutionäre der ersten Stunde hätten alle Prügel bezogen und Undank geerntet.

Max ging wieder joggen. Es war eine gute Möglichkeit, um abzuschalten und Distanz zu gewinnen. Abstand zu diesen Gefühlsloopings, den Wechselbädern aus Hoffnung und Enttäuschung.

Als Max nach einer Donauinsel-Tour seine Instagram-Seite aktualisierte, läutete sein Handy. Es war Charly. Einen Moment lang überlegte er, nicht abzuheben.

„Hallo, Max, wie läuft's?"

„Danke. Geht so."

„Was macht deine Hand?"

„Der Gips ist schon runter."

„Man hört und liest ja so einiges über dich. Gratuliere! Wann kommst du wieder in die Arena? Du bist hier immer willkommen."

„Tut mir leid. Es ist viel passiert und … ich habe mich nun anders entschieden."

Es war, als ob da jemand anderer sprechen würde. Max hatte keine Sehnsucht nach dem stinkig-heißen Schwitzkasten der Boxarena. Und schon gar keine Sehnsucht nach Charly.

„He, du willst doch nicht aufgeben."

„Doch … mit dem Boxen ist es vorbei." Es wurde stumm in der Leitung.

„Wie du glaubst. Schade, ich hätte aus dir einen Champ gemacht."

Max drückte den Anruf weg. Nun hatte er seinen Traum von der großen Karriere endgültig begraben und die Boxhandschuhe an den berühmten Nagel gehängt. Er wusste jetzt, dass ihm zu viel Wichtiges im Leben entging, wenn er die Fäuste ständig vor das Gesicht hielt.

Seine neue Arena war die Öffentlichkeit. Wohl hatte er nicht über den Tiger gesiegt. Dafür hatte er seinen härtesten Gegner bezwungen – sich selbst.

Max trat ans Fenster. Und obwohl es nur ein normaler schöner Sommermorgen war, empfand er ihn als so erfrischend, so mild und sonnig, wie er noch nie einen erlebt hatte.

„Wo ist Max Pribil?“, rätselte ein Gratisblatt.

Schon seit Tagen war der jugendliche Rebell nicht mehr in der Öffentlichkeit gesehen worden. Interview-Anfragen blieben unbeantwortet. Auf seinem Handy meldete sich nur die Mailbox. Hatte ihn der plötzliche Ruhm überfordert? War er vom Shitstorm auf Social Media in die Knie gezwungen worden? Kim musste für den Bruder einspringen und die Pressearbeit übernehmen.

„Eine harmlose Sommergrippe“, bereitete die Schwester allen Spekulationen ein Ende. „Max geht es gut und er wird schon bald über die nächsten Pläne und Aktionen berichten.“

In Wahrheit ging es Max alles andere als gut. Ihm brummte der Schädel. Kim legte Eisbeutel auf seine geschwollenen Wangenknochen. Das Gesicht war durch Blutergüsse und ein Veilchen im Bereich des Auges entstellt. Tagelang konnte er nur flüssige Nahrung zu sich nehmen. Zähneputzen wurde zur Qual. Die Schmerztabletten waren längst aufgebraucht. DoktorNet empfahl, den Kopf hochzulagern und sanften Druck auf die verletzten Bereiche auszuüben.

Was war geschehen?

Ein Anrufer hatte Max vor das Haus gelockt, wo er von zwei Jugendlichen verprügelt worden war. Es waren die beiden, die vor einigen Wochen sein Handy stehlen wollten, und die er in einem Akt der Notwehr niedergeschlagen hatte. Sie hatten Max in den Zeitungen erkannt. Mit zwei blauen Augen konnte er der Sache nicht mehr dienen. Ihm blieb nichts anderes übrig, als sich bis zum Beginn der Schule in der Wohnung zu verstecken.

Nur die Bibliotheksclique wusste von den schmerzhaften Boxhieben und so konnte es nicht ausbleiben, dass Rolli, Sam, Bedo, Mohammed und die Zwillinge die Wohnung im Gemeindebau mit großem Hallo stürmten.

„Immer auf die Deckung achten, Champ!“, grinste Sam.

Die Zwillinge verabreichten Max einen Kuss. Mia auf die rechte, Maja auf die linke Wange. Kim hielt die Versöhnung im Bild fest. Alle waren bereit, bei künftigen Aktionen mitzumachen.

Der denkwürdig heiße Sommer war zu Ende. Die Politiker stritten wieder über Asylkrise, Schulmisere, Ärztemangel und Pflegenotstand. Die Initiative der Kinder drohte zu versanden. Was war tatsächlich geblieben, was wurde erreicht? Sicher, das Thema Kinderarmut war so intensiv wie nie zuvor diskutiert worden. Versprechen wurden abgegeben, Reformen im Sozialbereich angekündigt, Initiativen auf den Weg gebracht. Kinderarmut stehe nun ganz oben auf seiner Agenda, erklärte der Sozialminister, der für den Herbst einen erweiterten Arbeitskreis angekündigt hatte.

Max und Kim hatten aufmerksam zugehört. Sie waren zwar weiterhin arm und wütend – aber nicht mehr schwach, verloren und bedeutungslos! Es gab keine Herausforderung, vor der sie zurückweichen würden. Auch wenn sich ihre Lage nicht verändert hatte. Sie würden weiterhin Wege finden, um auf Unrecht aufmerksam zu machen.

„I Won’t Back Down. Gonna stand my Ground“! Max und Kim werden niemals zurückweichen und sich behaupten: Diese zwei Wochen im August haben ihnen die Augen geöffnet. Sie wussten jetzt, für welche Ziele es sich zu kämpfen lohnte.

Alle E-Mails zu diesem Buch werden vom Autor gerne beantwortet:
autor@robertklement.com
www.robertklement.com

Robert Klement wurde 1949 in St. Pölten geboren. Neben seiner beruflichen Tätigkeit als Hauptschullehrer begann er, Reportagen für Zeitungen und Magazine („Profil") zu schreiben.

Seit 1986 veröffentlichte er 29 Bücher. Seine an Tatsachen anknüpfenden Romane beruhen auf genauen Recherchen. In „Durch den Fluss" prangert er Menschenrechtsverletzungen in der damaligen CSSR an. Nach einer Flugblattaktion für Václav Havel wird er 1989 in Prag inhaftiert. In Brasilien mischt er sich unter Straßenkinder, die von Todesschwadronen bedroht werden. In „Halbmond über Rakka" beschreibt er das Schicksal von Jugendlichen, die zum islamistischen Terror verführt werden.

Für „70 Meilen zum Paradies", den Roman über afrikanische Bootsflüchtlinge, wird er 2007 mit dem Österreichischen Staatspreis für Jugendliteratur ausgezeichnet. 2022 wird ihm der Berufstitel „Professor" verliehen.